Irmtraud Tarr

Lampenfieber

Irmtraud Tarr

Lampenfieber

Stark sein unter Stress

HERDER

FREIBURG · BASEL · WIEN

© Verlag Herder GmbH, Freiburg im Breisgau 2009
Alle Rechte vorbehalten
www.herder.de

Umschlagkonzeption und -gestaltung:
Groothuis, Lohfert, Consorten | glcons.de
Umschlagmotiv: © Corbis/Mark Seelen

Satz: Dtp-Satzservice Peter Huber, Freiburg
Herstellung: CPI – Clausen & Bosse, Leck
Gedruckt auf umweltfreundlichem, chlorfrei gebleichtem Papier
Printed in Germany

ISBN 978-3-451-29948-3

Inhalt

Lampenfieber – der Seiltanz des Lebens 7

I Ursachen, Auslöser und Symptome
von Lampenfieber 11

Was ist Lampenfieber? 12
Wie Lampenfieber erlebt wird 16
„Wir spielen alle Theater" 23
Ursachen der Angst 29
Magie der Aufmerksamkeit 32
Die innere Landschaft des Lampenfiebers 37
Jeder hat sein „Angst-Organ" 42
Psychologie des Lampenfiebers 46
Im Blick der anderen 54

II Dem Lampenfieber auf die Spur kommen 57

Emotionale Differenzierungsarbeit 58
Die inneren Stimmen erkennen 61
Der innere Kritiker 62
Der innere Zweifler 63
Der Angsthase 65
Scheinmanöver gegen die Auftrittsangst 67
Die eigenen Gefühle kennen lernen 74
Unsere inneren Verbündeten 86
Der innere Mentor 86
Die Stimme des Vertrauens 88
Die Stimme der Neugier 89

III Wege aus dem Lampenfieber 91

Auftreten heißt gegenwärtig sein 92
Praktische Anleitungen für mehr Sicherheit
beim Auftritt 96

Den Körper spüren lernen 100
Stimme und Sprechen stärken 108
Spannung und Entspannung regulieren 115
Negative Denkgewohnheiten überwinden 121
Humor statt Katastrophenfantasien 136
Die Macht der Gefühle positiv nutzen 140
Dem Lampenfieber kreativ begegnen 147

IV Auftritte souverän meistern 153

Selbstbewusst und authentisch auf der Bühne 154
Der erste Eindruck zählt: Bewegung und Haltung . . 162
Die Wirkung des Blickkontaktes 166

Der Notfallkoffer – Erste Hilfe bei Lampenfieber 169

Schlussbemerkung 175

Literaturverzeichnis 177

Lampenfieber – der Seiltanz des Lebens

Weiche Knie, Schweißausbrüche, zitternde Hände, rasender Puls. Egal ob Schüler, Student, Lehrer, Vortragender, Veranstalter – wer sich zeigt, wer vor anderen auftritt oder etwas vorträgt und sich dabei nicht blamieren möchte, wird schnell zum Opfer des eigenen vegetativen Nervensystems, das diese Angstreaktionen auslöst. Im Lampenfieber verdichtet sich letztlich unsere Angst vor dem Ausgeliefertsein an das Ungewisse, Unkontrollierbare, Unwägbare – dem Seiltanz des Lebens.

Man geht davon aus, dass 80 % der Menschen – also fast jeder – mit Nervosität und Angst reagieren, wenn sie im Aufmerksamkeitsfokus einer Gruppe stehen. Auftrittsangst – umgangssprachlich Lampenfieber – ist somit eine normale Stressreaktion, die anzeigt, dass eine bevorstehende Situation ein Risiko enthält, das uns in innere Erregung versetzt. Ab wann das Lampenfieber zum Störfaktor wird ist eine Frage der Intensität: in leichtem Grad wirkt es sogar leistungsfördernd, versetzt den Vortragenden in einen wachen, konzentrierten Zustand; aber in stärkerem Ausmaß kann Lampenfieber lähmende Angst oder Versagen produzieren. Es klaut sozusagen das Potential des Möglichen.

Seit Jahren werden neue Methoden, Techniken und Strategien zum Umgang mit Lampenfieber in Kursen und Ratgebern angepriesen. Trotz der vielfältigen Informationen, Rezepte und oft hochtrabenden Versprechungen („Nie wieder Lampenfieber"), wächst bei vielen Angstgeplagten die Frustration, weil die gewünschte Veränderung ausbleibt. Woran liegt das?

Schaut man sich die üblichen Ratschläge einmal genauer an, so geht es darin immer um drei Imperative: Sei gelassen! Denke positiv! Sei selbstbewusst! Was hier als Mittel empfohlen wird, um das Lampenfieber in den Griff zu bekommen, sind aber eigentlich schon die Ziele. Zur Überwindung des Lampenfiebers kann es keine schnellen und garantierten Tricks oder Kniffe geben, dafür ist die Angst eine zu umfassende, archaische und tief verankerte Eigenschaft des Menschen. Angst gehört existentiell zu unserer seelischen Ausstattung und ist ein sinnvolles, lebenserhaltendes Gefühl, ohne das wir verloren wären. Sie begleitet uns im Leben und ist evolutionsbiologisch sehr wichtig, denn ohne Angst kann man nicht überleben: Angst ist wertvoll.

Es kommt allerdings auf den angemessenen Umgang mit der Angst an. Das Wort „Umgang" zeigt die Richtung an, es geht darum, in eine Beziehung zur Angst zu treten. Sie also nicht frontal anzugehen, sondern sie zu umkreisen, wahrzunehmen, zu hören und zu verstehen, was sie zu sagen hat, um eine angemessene Antwort zu finden. Gesucht ist eine Form der Selbstbeobachtung und Selbstbegegnung, die einem Auftritt in all seiner Unwägbarkeit, Unberechenbarkeit gerecht wird, eine Form, die gezielte Entspannung ebenso zulässt, wie aktive Auseinandersetzung. Ein Umgang mit der Angst, der darauf verzichtet, ihre Signale abzulehnen, sie mit Gewalt zu bekämpfen oder abzuwehren. Denn Angst, die man direkt abwehrt oder bekämpft, wird nur größer und führt letztlich zur Angst vor der Angst.

Die meisten Ratgeber sind normativ und können der Individualität der Menschen nicht gerecht werden. Schon Ratschläge gehen eigentlich zu weit, weil jeder sein „Lampenfieberprofil" hat und seinen ganz persönlichen Umgang damit ausprobieren und finden muss. Deswegen habe ich dieses Buch so verfasst, dass jeder sein eigener Ratgeber sein kann, indem er von seiner Freiheit Gebrauch macht, sich mit den einzelnen Abschnitten auseinanderzusetzen und sein eigenes Urteil zu bilden, wie er die diversen Anregungen in sein (Auftritts)Leben integriert. Vor fünfzehn Jahren schrieb ich mein erstes Buch „Lampenfieber". Seitdem hat sich meine praktische Arbeit über die „Bühne der Musik" hinaus auf sämtliche „Bühnen des Lebens" – Vorträge, Reden, Seminare, Prüfungen, Medienauftritte – erweitert. Diese Erkenntnisse und Erfahrungen, die auch befruchtet wurden durch neue Einsichten der Emotionspsychologie und der Neurowissenschaften, sind in dieses Buch eingeflossen. Am Ende des Buches findet sich ein ausführliches Literaturverzeichnis, das als Anregung zur Weiterbeschäftigung mit diesem Thema dienen soll und die für meine eigenen Erkenntnisse unverzichtbaren Titel enthält.

Von uns wird erwartet, dass wir auftreten, vortragen und präsentieren können, also über Fähigkeiten verfügen, die man systematisch üben muss – aber wir kümmern uns immer noch zu wenig darum. Das Thema „Lampenfieber" ist nach wie vor ein Tabuthema. Gerade wer besonders betroffen ist, spricht kaum darüber, allenfalls im häuslichen Kreis. Man kann Lampenfieber zur Privatsache erklären, aber auf diese Weise wird verschleiert, dass es nicht nur das Problem Einzelner ist, sondern das Problem einer Gesellschaft, die hohe Erwartungen an den Einzelnen stellt. Dabei ist der offene Umgang mit der Angst der erste Schritt zu ihrer Bewältigung. Die Auftrittsbühne, das Rednerpult wirken wie eine Lupe für persönliche Unsicherheiten, Ängste, Selbstzweifel. Was macht der Blick der anderen aus mir? Diese Frage betrifft im Kern das Selbstgefühl und bezieht sich immer auf die Trias: Wert, Macht, Versagen. Die Angst, sich bloßzustellen, das Gesicht zu verlieren, so dass auf peinliche Art ans Licht kommt, wer, wie oder was man ist, steht für die meisten an erster Stelle ihrer Angsthierarchie. Je größer die Spannung zwischen dem, wie man sein möchte und der Wahrnehmung dessen, wie man ist, desto mehr befürchtet man die Bloßstellung. Lampenfieber ist also im Kern die Angst um die Einschätzung des eigenen Wertes durch andere.

Wer bewertet? Es finden sich immer drei Bewertungsinstanzen: die anderen, frühere Bezugspersonen und ich selbst. Lampenfieber resultiert aus der Spannung zwischen dem, wie ich von außen bewertet werde, welche Bewertungen ich früher vermittelt bekam, und wie ich mich selbst einschätze.

Beim Lampenfieber ist der Aufmerksamkeitsfokus zu stark auf Selbstbeobachtung und Selbstzentrierung gerichtet: Wie stehe ICH da? Was denken die ANDEREN von mir? und zu wenig auf die Sache selbst. Der erste Schritt im Umgang mit Lampenfieber heißt daher: Sach- und Prozessorientierung. Vor anderen aufzutreten muss man lernen, genauso wie Surfen oder Klavier spielen. Wer sich das zugesteht, handelt selbstbewusst. Wer von sich verlangt, es können zu müssen, überfordert sich.

Von allein verschwindet Lampenfieber nicht. Deshalb zeige ich verschiedene Wege auf, wie man die lähmende, beeinträchtigende Energie des Lampenfiebers nutzen und in seine inspirierende, stimulierende Variante der Vorfreude verwandeln kann. Umgang mit Lampenfieber ist Arbeit an persönlichen Unsicherheiten, Selbstzweifeln, Ängsten und dafür gibt es keine Abkürzung. Es gibt nur einen Weg. Und dieser Weg beruht auf Übung. Und auf diesem Weg kann sich das ereignen, was in jedem Lampenfieber als Chance steckt: Aus „Angst vor" wird „Lust auf" und „Mut zu"! Diese Kurzformel gibt der Wechselspannung im Innern am besten Ausdruck. Wer das begriffen hat, ist schon ein gutes Stück weiter.

I

Ursachen, Auslöser und Symptome von Lampenfieber

Was ist Lampenfieber?

Stellen Sie sich vor, Sie sollen vor Publikum eine kleine Ansprache halten. Sie sind festlich angezogen, hübsch zurechtgemacht. Ein letzter Blick in den Spiegel und dann begeben Sie sich schon frühzeitig an den Ort des Geschehens. Sie machen sich mit dem Raum vertraut, rekapitulieren nochmals die ersten Sätze, konzentrieren sich und atmen tief durch. Die ersten Gäste trudeln ein. Plötzlich ist da dieses komische Gefühl in der Magengrube, die Hände werden immer kälter und im Kopf entstehen Katastrophengedanken: „Wenn mein Gedächtnis mich im Stich lässt…" „Wenn meine Hände zittern…" „Wenn meine Stimme versagt…" „Wenn ich womöglich versage…" „Am liebsten würde ich alles rückgängig machen oder im Boden versinken…" „Mir ist hundeelend."

Wer diese Zeilen liest und sich angesprochen fühlt, weiß wovon ich spreche – von Lampenfieber. George Jessel bemerkt treffend: „Das menschliche Gehirn ist eine großartige Sache. Es funktioniert vom Moment der Geburt an – bis zum Zeitpunkt, wo du aufstehst, um eine Rede zu halten." Fast jeder kennt es, fast jeder hat es in seinem Leben schon einmal oder öfters erfahren. Kaum jemand ist gefeit vor dieser Form von Versagensangst, die anzeigt, dass eine bevorstehende Situation ein Risiko enthält, das in innere Spannung versetzt. Lampenfieber ist also ein von Angst und vegetativer Spannung gezeichneter Zustand, der vor und auch während eines Auftritts ausgelöst werden kann.

Physiologisch betrachtet ist Lampenfieber eine Form von Stress, für die der Körper zusätzliche Energiereserven bereitstellt. Unter Stress schüttet das vegetative Nervensystem vermehrt die Stresshormone Adrenalin und Noradrenalin aus, gleichzeitig wird die Aktivität des Großhirns herabgesetzt, also das differenzierte, rasche Denken wird verlangsamt. Als Folge dieser Stressreaktion stehen dem Menschen zwei Verhaltensweisen zur Verfügung: Flucht oder Angriff. Beide sind unmittelbare Reaktionen auf eine Stress-Situation, die zu unserer genetischen Ausstattung gehören.

Als unsere Vorfahren jagend und sammelnd durch eine gefahrenvolle Umwelt streiften, hatten sich diese beiden Strategien bewährt: fight-or-flight. Kaum hatte das Gehirn die Lage erkannt: Wie groß ist der Bär? Schaffe ich ihn, oder schafft er mich? versetzte es den Organismus mit Hilfe der Stresshormone in erhöhte Aktionsbereitschaft. Allerdings war dieses psychobiologische Krisenmanagement für Situationen auf Leben und Tod gedacht und lautete damals schlicht: Hauptsache diese Situation überleben! Diese Strategie hat sich bestens bewährt, so dass wir sie auch heute noch in unserem genetischen Programm haben.

Allerdings haben sich die Bedrohungen inzwischen gewandelt. Wir fürchten weniger um unser Leben. Wir fürchten mehr um unsere Existenz. Ein Bewerbungsgespräch, eine Prüfung, ein Konzert, ein PC-Absturz können uns genauso in Stress versetzen, als säße ein Bär im Wohnzimmer. Nur – die freigesetzte Energie wird nicht wirklich gebraucht. Angriff oder Flucht werden meist nur in Gedanken oder Worten ausgetragen. Es sei denn, wir reagieren uns körperlich ab und schleudern den PC aus dem Fenster oder wir joggen. Aber da wir uns zivilisiert benehmen sollten, werden wir diesen Impuls, zumindest auf der Bühne, vermutlich unterdrücken.

Sollten wir deshalb jedem Stress aus dem Wege gehen? Keineswegs. Denn Angst stimuliert auch den Geist. Bestimmte Neurotransmitter helfen dem Hippocampus – dem „Pförtner" des Gedächtnisses – sich auf relevante Informationen zu konzentrieren. Unsere Aufmerksamkeit ist erhöht, wir nehmen neue Eindrücke besser auf und sind motivierter, die Situation zu meistern. Mithilfe von Herausforderungen trainieren wir unser Gehirn, besser mit Stress fertig zu werden.

Angst ist also ein kostbares, sinnvolles Alarmsignal. Es stimuliert Geist und Körper. Wer sich nicht aufregt, lernt nichts Neues. Der Hirnforscher Gerald Hüther spricht sogar davon, dass Angst eine Bedingung für menschlichen Fortschritt sei, da sie uns zur Suche nach neuen Handlungsmöglichkeiten zwinge. Angst ist also keine Schwäche, sondern eine gesunde Fähigkeit, die uns zur Suche nach neuen, geeigneten Verhaltensweisen führt.

Im Lauf der Geschichte sind wir immer mehr dazu gebracht worden, Angst als Schwäche abzulehnen. Weil sie unangenehm ist, wehren wir sie ab, bekämpfen sie oder überhören ihre Signale. Dabei ist Angst als solche gar nicht ungesund; erst der unangemessene Umgang mit ihr kann krank machen. Es stellt sich also die Frage: Wie gehen wir, im Wissen um unsere genetische Ausstattung, angemessen mit der Angst vor Auftritten um?

Interessant in diesem Zusammenhang ist ein Blick in die Wortgeschichte von „Lampenfieber". Es ist dem Wort „Kanonenfieber" nachgebildet, das Goethe anlässlich der Kanonade von Valmy beschrieb, bei dem das Pfeifen der herannahenden Kugeln die Soldaten – und vor allem Goethe selbst – in einen merkwürdigen Rausch versetzte. 1858 tauchte das Wort erstmalig in der Theaterwelt auf. Dort hieß das Rampenlicht „die Lampen". Man brachte „den Wallenstein vor die Lampen". Lampenfieber heißt also: wir stehen unter einer künstlichen Lichtquelle. Wir werden beleuchtet, herausgestellt – wir stehen im Licht. Unser Körper begegnet diesem Exponiertsein mit erhöhter Eigenwärme und Erregung zur Mobilisierung der eigenen Abwehrkräfte, um die Belastung der „Lampen" zu verarbeiten. Wir werden heiß, fiebrig. Wie bei allen Fiebererscheinungen hilft nur eines: den Eindringling gewähren zu lassen, um sich „auszufiebern". Oder anders gesagt: die Energie der Hitze nutzen, um sich wieder zu gewinnen.

Im heutigen Sprachgebrauch bezieht sich „Lampenfieber" nicht nur auf die Welt des Theaters, sondern auf sämtliche Bühnen des Lebens. Ob jung oder alt, Mann oder Frau, Schüler oder Lehrer, Student oder Professor, Führungskraft oder Mitarbeiter – jeder kann in eine Situation geraten, die diese soziale Angst mehr oder weniger stark auslöst. Wer sich vor anderen zeigt und etwas zum Besten gibt, sei das nun in der Schule, im Betrieb, in der Universität, im Konferenzraum, auf dem Sportplatz oder im Vortragssaal, setzt sich dieser Angst vor den anderen aus.

Dennoch erklären viele Lampenfieber als nützlich, weil sie mit dieser Art von Erregung gleich „voll da" sind. Manche sprechen sogar von einer lustvollen, erregenden Komponente, die ihren Denkprozessen und der Wachheit gut bekommt. Sie haben ein gesteigertes Auffassungsvermögen, reagieren schneller und sind leistungsfähiger.

Lampenfieber ist also janusköpfig: Zum einen wird es als Erregungszustand erlebt, der zu erhöhter Wachsamkeit, stärkerer Konzentration und damit zur Leistungssteigerung führt, zum anderen als Versagensangst, die sich lähmend und beeinträchtigend auf die Leistungsfähigkeit auswirkt.

Lampenfieber kann Belastung oder positiver Nervenkitzel sein und ist außer in extremen Fällen keineswegs krankhaft, sondern die verständliche Reaktion auf einen Auftritt, bei dem wir uns dem Urteil und der Resonanz der Mitmenschen aussetzen. Eine Herausforderung, auf die die wenigsten von uns schon von klein auf vorbereitet werden. Ob wir Lampenfieber als positiv leistungssteigernd oder negativ angstbesetzt erleben, hängt immer ab von den Erfahrungen des Bewertetwerdens im Laufe unserer Geschichte.

Wie Lampenfieber erlebt wird

Die wichtigste Erkenntnis, die ich meinen Gesprächen über Lampenfieber verdanke, lautet: Die Art und Weise, wie Lampenfieber erlebt wird, ist so unterschiedlich wie die Menschen selbst es sind. Je nachdem wie Menschen ihre Auftrittssituationen einschätzen, fallen die Beschreibungen ihrer empfundenen Bedrohungen und Ängste aus. Es scheint so, als wären es nicht die Situationen an sich, die die Menschen ängstigen, sondern ihre individuellen Vorstellungen von ihnen.

Deswegen möchte ich ein paar Betroffene zu Wort kommen lassen:

„Für mich ist die Angst, dass ich mich lächerlich machen könnte, schlimmer als die Angst vor dem Sterben", meinte eine Kindergärtnerin kurz vor einer Ansprache, die sie an einem Elternabend halten sollte.

Diese Aussage verweist direkt auf die Angst vor Abwertung, die diese Frau sogar als lebensbedrohlich erlebt. Für sie ist es das Sprechen vor anderen, fremden Menschen, das sie als beängstigend erlebt. Auch wenn ihr objektiv gesehen niemand ans Leben will, so erlebt sie die Situation dennoch als „eingebildete" Lebensbedrohung. Sie fürchtet die Herabsetzung ihres Wertes als Persönlichkeit im Blick der anderen.

Eine Schauspielerin berichtet: „Plötzlich sah ich meinen Hausarzt im Publikum sitzen, da war es um meine Fassung geschehen. Ich begann regelrecht in den Knien zu zittern und meine Stimme wurde ganz schwach. Ich dachte nur noch, was wird er wohl von mir denken." Auch hier steht die Angst vor Abwertung in den Augen der anderen im Vordergrund. Allerdings zentriert sich die Angst um eine bestimmte Persönlichkeit, die ihr wichtig ist, vor der sie gut dastehen will. Im Gespräch darüber erkannte sie, dass sie ähnlich auf ihren

Vater reagierte, dem sie als heranwachsendes Mädchen unbedingt gefallen wollte. Ihre Reaktion: „Schon damals war ich eine ‚Gefall-Tochter'. Immer habe ich mich unglaublich angestrengt, um den Applaus meines Vaters zu erringen. Nie war ich gut genug, stets gab es neue Auflagen. Bis heute ist dieser Applaus für mich die unwiderstehlichste aller Drogen."

Ein Tänzer erzählt: „Vor meinen Auftritten bin ich jedes Mal wie krank. Sobald ich auf der Bühne bin, ist alles wie weggeblasen, ich tanze wie ferngesteuert. Selbst wenn ich hin und wieder etwas abbekomme, z. B. schlug mir ein Kollege neulich mit seinem Spitzenschuh eine an den Kopf, so spüre ich nichts. Ich bin wie weggetreten. Erst wenn ich dann im Umkleideraum bin, entdecke ich einen blauen Fleck. Aber während ich tanze, bekomme ich von all dem nichts mit. Ich bin wie in einer anderen Welt."

Dieses Beispiel zeigt, wie Menschen unter höchster Anspannung derart konzentriert sein können, dass sie Verletzungen und Schmerzen nicht wahrnehmen. Sie sind in einem Trancezustand, der sämtliche Schmerzen überlagert. Erst wenn die Spannung nachlässt, werden sie wieder zugänglich für Körpersignale. Vergleichbar ist dieses Phänomen mit körperlichen Auseinandersetzungen, bei denen Menschen einander verletzen. Sie spüren die Verletzungen nicht, da sie den Tonus in den Muskeln derart hochfahren, dass sie erst beim Nachlassen der Spannung spüren, was geschehen ist. Ähnlich wie bei Unfällen, wo unsere Stressphysiologie dafür sorgt, dass wir zunächst nichts spüren und erst später, wenn wir realisieren, was passiert ist, Schmerz empfinden.

Eine junge Frau erzählt: „Ich musste bei einer Geburtstagsfeier ein Gedicht vortragen. Ich war derart blockiert, dass ich plötzlich nicht mehr wusste, wie es weitergeht. Vorher konnte ich es perfekt, ich hätte es vorwärts und rückwärts aufsagen können. Am liebsten wäre ich im Boden versunken. Nach einer kleinen Ewigkeit begann ich nochmals von vorn, dann wusste ich Gott sei Dank wieder wie es geht."

Blackout und Gedächtnislücken sind die typischen Symptome bei Lampenfieber. Wenn Adrenalin im Spiel ist, nimmt nämlich als erstes unsere Denkfähigkeit ab. Die Teile unseres Gehirns, in denen logisches Denken zu Hause ist, sind umnebelt, sprich: die Denke ist blockiert. Das hängt mit unserer Hormonausstattung zusammen, die nur auf unseren Körper wirkt. Sie macht ihn zu Flucht oder Angriff bereit, aber eben nur zu körperlichem Angriff und nicht zu verbalem. Stressreaktionen sind im Wesentlichen Körperreaktionen. Um ihnen wirksam begegnen zu können, muss man sie zuerst einmal als solche erkennen; und dann lassen sich Stresshormone nur mit körperlicher Bewegung abbauen.

„Es macht mir einfach Spaß, auf der Bühne zu stehen und zu singen. Ich fühle mich dann immer unwahrscheinlich ‚high'. Diese Glücksmomente möchte ich um keinen Preis in der Welt missen", so die Reaktion einer Kabarettistin.

Es gibt in der Tat Menschen, für die Lampenfieber etwas höchst Lustvolles, Rauschhaftes bedeutet. Für sie wirkt es ähnlich wie eine Droge. Sie fühlen sich intensiver, lebendiger und in ihrer Leistungsfähigkeit sogar beflügelt.

Die Mechanismen des Lampenfiebers sind bei allen Menschen gleich. Doch ist der eine besser dagegen gefeit als der andere. Welche Eigenschaften bestimmen diese Unterschiede? Psychologische Forschungsteams von Dirk Hellhammer und Clemens Kirschbaum fanden heraus, dass schon bei der Geburt die Stressantworten individuell unterschiedlich hoch oder niedrig eingestellt sind. Ihre Zwillingsstudien ließen vermuten, dass genetische Faktoren etwa 30 % der Stressreaktionen bestimmen. Außerdem können frühkindliche traumatische Erfahrungen einen Menschen lebenslänglich angstanfälliger machen. Ist der Mandelkern – das Zentrum der Angst –

durch frühere Stresserfahrungen hypersensibilisiert, kann er selbst dann Hormonkaskaden auslösen, wenn dafür kein äußerer Anlass besteht.

Auch die Persönlichkeitsstruktur bestimmt, was einen Menschen in Angst versetzt. Als besonders angstanfällig haben Psychologen die „Typ A-Persönlichkeit" identifiziert. Ein ehrgeiziger, erfolgsorientierter Menschenschlag, der sich über Gebühr engagiert und sich durch Ungeduld und Hektik auszeichnet. Feindseligkeit, Reizbarkeit, Wut, Zynismus und Misstrauen stehen im Verdacht, besonders anfällig für Stresserkrankungen zu machen.

Fasst man die verschiedenen Erfahrungen mit Stress und Lampenfieber zusammen, so entsteht der Eindruck, dass Lampenfieber mehr ist als ein Gefühl. Es ist ein Zustand, von dem jede Zelle des seelischen, geistigen und körperlichen Organismus befallen ist. Lampenfieber ist ein Totalphänomen im Gegensatz etwa zum körperlichen Schmerz, der auf eine bestimmte Stelle beschränkt ist.

Wer Lampenfieber empfindet, der hat es von Kopf bis Fuß, nach innen und nach außen. Die Beziehung zu sich selbst und zur Mitwelt ist eine qualitativ andere, als wenn er keine Angst hätte. Ich spreche nicht von der krankhaften Angst, sondern von der, die Menschen empfinden, wenn sie sich zeigen, die sich in Unsicherheit, Redehemmung, Hektik, innerem Druck, Gereiztheit, in körperlichen Symptomen wie Schwitzen, Frieren, Durchfall, Kreislaufstörungen, Bauchschmerzen, Kopfschmerzen äußert. Auch wenn diese Symptome rasch wieder abklingen, sobald der Auftritt vorbei ist, wirkt die Bühne wie ein Vergrößerungsglas für persönliche Unsicherheiten, Selbstwertzweifel und Versagensängste.

Im Rampenlicht

Um den Hintergrund von Lampenfieber zu beleuchten, beschäftigen wir uns zunächst mit der Frage, was einen Auftritt aus dem Strom menschlicher Begebenheiten heraushebt. Auftritte sind soziale Situationen, die ihre Bedeutsamkeit durch die Gegenwart und Teilnahme von Zuschauern erhalten. Die Zuschauer wollen etwas erleben oder erfahren. Der Auftretende soll das aufmerksame Auge und Ohr des Publikums auf sich lenken. Er soll Interesse wecken und Gefallen hervorrufen. Das Publikum will nicht nur registrieren, sondern in einen Zustand versetzt werden, in dem es emotional berührt wird. Es genügt also nicht, dass eine Darstellung technisch korrekt und einwandfrei ist, sie soll darüber hinaus auch menschliche Spuren tragen und irgendwie interessant sein. Technische Perfektion befriedigt zwar, aber sie hinterlässt keine bemerkenswerten Spuren in den Gedächtnissen der Teilnehmer. Man denke nur an ein Fußballspiel, wo die Zuschauer beim überraschenden Tor mitgerissen werden. Das Publikum will genießen, bewegt werden, in den Genuss einer Erfahrung kommen. „Das muss unter die Haut gehen", so der Kommentar eines Studenten.

Jeder Auftritt ist Ausdruck und Kommunikation. Er lässt teilhaben an Erfahrungen und Kostproben von Menschen und stiftet auch Erfahrungen für die Teilnehmer. Grenzlinien, die Menschen normalerweise voneinander trennen, werden durchlässig. Es entsteht Teilnahme und Teilhabe. Charakteristische Merkmale wie Intensität, Konzentration, Spannung und Vitalität sind Anforderungen, die an einen Auftritt gestellt werden. Ob es sich um eine Rede, ein Konzert oder eine Sportveranstaltung handelt, immer geht es um ein Ausbalancieren zwischen Wahrung des Vorangegangenen durch Vertrautheit und Erneuerung durch Ungewohntes. Zuviel Vertrautes wie auch zuviel Neues wecken Widerstand beim Publikum. Das Publikum will beides: sich repräsentiert wissen, um teilnehmen zu können, und gleichzeitig teilhaben an uner-probten Möglichkeiten, Wünschen und Sehnsüchten, die die Person im Rampenlicht vertritt.

Auftreten heißt: sich zeigen. Man tritt aus der Unsicht-barkeit heraus und enthüllt sich in die Wahrnehmbarkeit vor einem Publikum. Wer sich zeigt, wird zu mehr gemacht. Er wird bedeutsam gemacht und überhöht. Man zollt ihm Be-achtung und Respekt, weil er sich aus der Menge heraushebt und auffällt. Die Beziehung Publikum-Auftretender ist eine Tauschbeziehung, bei der neben Inhalten vor allem Gefühle ausgetauscht werden. Das Publikum gibt Ansehen und er-hält dadurch seine Bedeutsamkeit. Veranstaltungen inszenie-ren diesen Austausch, indem sie durch Zeit, Raum, Dekora-tion und Rollenzuschreibung dazu beitragen, dass der Auf-tretende vom Zuschauer distanziert und mystifiziert wird.

Im Gegensatz zu spontanen Zusammenkünften wird bei Auftritten die Rolle der Agierenden im Voraus definiert und vorstrukturiert. Der Auftretende wird mit Erwartungen be-haftet. Ihm wird Macht zugeschrieben. Hier liegt aber auch die Problematik des Individuums. Es erhält eine abgesteckte Rolle zugewiesen, die vielleicht schmeichelhaft ist, aber es wird mit den Folgen des Erwartungsdruckes allein gelassen.

Es genügt nicht, zu wissen, dass manche Menschen sport-licher, redegewandter oder musikalischer sind als andere. Wir wollen es auch vor Augen geführt bekommen, um daran teil-zuhaben. Menschen, die sich zeigen, tun etwas für uns, sie drücken das aus, was wir gern hätten oder gern wären. Sie le-ben es stellvertretend für uns. Sie sind aus der Masse heraus-gehoben – und wir mit ihnen.

Die „Helden", die unserem Alltag Flügel verleihen oder Gesprächsstoff liefern, sie alle wissen eines: das Publikum ist da, weil es sich für einen bestimmten Zeitraum einlassen und, überspitzt gesagt, „emotional anstecken" lassen will. Dieses Gefühl darf der Darsteller ruhig genießen. Aber es gibt einen feinen Unterschied: Will ich etwas teilen bzw. mitteilen oder will ich beeindrucken, indem ich meinen Auftritt als Vehikel zur Selbstbestätigung benutze? Im Wort „beeindrucken" steckt das Wort „Druck". Wer Druck ausübt, oder sich selbst unter Druck setzt, wird eng, kalt und fest. Und gerade dieser Druck konfrontiert uns mit der Angst, weil er uns von den anderen trennt. Will man aus diesem Teufelskreis ausbrechen, so sollte man beherzigen: Allein bin ich klein. Nur gemeinsam mit dem Publikum gewinne ich Stärke.

„Wir spielen alle Theater"

Mit den Reizwörtern „Auftritt", „Lampenfieber" tauchen unweigerlich Begriffe aus der Theaterwelt auf. Rolle, Szene, Stück, Bühne, „Die ganze Welt ist eine Bühne", „Theatrum mundi". Schon in der Antike finden sich Bühnenmetaphern zur Beschreibung menschlichen Lebens. Waren es früher die Götter, das Schicksal, Geister oder fremde Mächte, denen sich der Mensch ausgeliefert sah, so sind es heute die von der Gesellschaft vorgeschriebenen Rollen und Erwartungen, die der Mensch zu erfüllen hat. Was früher überirdischen Mächten zugeschrieben wurde, ist nun auf uns selbst zurückgefallen.

In unserer Alltagssprache finden wir zahlreiche Bühnenmetaphern: „eine Schau abziehen", „aus der Rolle fallen", „eine gute Figur abgeben", „sich etwas vormachen", „eine Nummer abziehen", „die Rollen vertauschen", „Theater spielen". Sie belegen, dass die Bühnensprache auch unsere Alltagserfahrungen beschreibt. Selbst das Wort „Person" heißt in seiner ursprünglichen Bedeutung „Maske". Darin liegt wohl die Anerkennung, dass wir alle mehr oder weniger bewusst eine Rolle spielen, uns auf verschiedenen Bühnen bewegen. Bei all diesen Bühnenbegriffen fällt auf, dass sie zur Kennzeichnung eines „Als-ob" benutzt werden. Ihre Bedeutung ist tendenziell negativ und wird dem entgegen gehalten, was wir als real empfinden. Übrigens beinhaltet das Wort „Aufführung" eine ähnliche Konnotation. Wenn man jemanden zur Vernunft mahnen, oder ihm vermitteln will, dass er wieder auf den Boden kommen solle, sagt man: „Führ dich nicht so auf!"

Es fragt sich aber, ob eine gekonnte Show nicht auch Realität ist. Wenn jemand seine Rolle kompetent spielt, oder wenn jemandem eine Rolle derart auf den Leib geschrieben ist, dass sie ihm zur zweiten Natur wird. Natürlich gibt es Unterschiede zwischen Theaterrollen und Alltagsrollen. Eine

Theaterrolle ist eine Illusion und hat nicht die gleichen Folgen wie im Alltagsleben, wo unsere Rollen reale Konsequenzen haben – wir müssen etwas einlösen, uns kann etwas geschehen. Was aber Theaterrolle und Alltagsrolle miteinander verbindet: beide benötigen reale Techniken; beide benützen Masken, beide greifen auf ein vorgegebenes Ausdrucksrepertoire zurück – und beide stehen in der Gefahr der Enthüllung.

Auf der Bühne des Lebens: Rolle und Persönlichkeit

Von klein auf werden uns Rollen vorgespielt, zugeteilt und abverlangt. Wir bekommen gute und schlechte Rollen, nutzvolle und unbrauchbare Rollen vermittelt. Manchmal werden wir in Rollen hineingezwängt, manchmal übernehmen wir sie freiwillig. Jeder besitzt ein Repertoire an spielbaren Rollen und ein Inventar an jemals gespielten Rollen, die in unserem Gedächtnis eingegraben sind. Die Fähigkeit, Rollen zu verkörpern, ist in unserem Leib vorgegeben. Mit der Fähigkeit zur Nachahmung, zur Spontaneität und Kommunikation ist unser Leib von Geburt an ausgestattet. In den Archiven unseres Leibes sind die Rollen, Szenen und Stücke gespeichert, deswegen ist unser Leib niemals nur persönlicher Leib, sondern immer auch sozial durchtränkter Leib. Unser Selbst ist nicht nur privates Selbst, es hat immer auch eine öffentliche Seite.

Hinter der Rolle befindet sich eine weitere Instanz – die Persönlichkeit. Mit ihr verkörpern wir eine Rolle. Über unsere Persönlichkeit haben wir die Wahl, welche und wie wir die angebotenen Rollen verkörpern wollen, die uns mit den anderen verbinden. Wir alle sind über unsere Rolle auf der Lebensbühne mit anderen Rollenträgern in einem „Spiel" verbunden. Ob wir uns im Zuschauerraum oder auf der Bühne aufhalten, wir befinden uns immer auf der Bühne, ganz gleich, ob wir Spieler oder Zuschauer sind.

Gesellschaftliche Erwartungen finden ihren Niederschlag in konkreten Rollenmustern. Hier liegen aber auch die Wurzeln von Konflikten. Sie kreisen um die Frage, wie sich individuelle Kreativität und gesellschaftliche Zwänge aushandeln lassen. Wie lässt sich persönlicher Sinn in den gesellschaftlichen Kontext einbinden, ohne dass wir uns dadurch von uns selbst entfremden oder verlieren?

Wenn wir einen Vortrag halten, ein Produkt verkaufen oder einen Diskussionsbeitrag liefern, schlüpfen wir in eine bestimmte Rolle. Wir wollen ein bestimmtes Bild unserer Persönlichkeit erzeugen. Wir wollen beachtet und respektiert werden. Deswegen zeichnen wir ein Portrait von uns, das gut ankommen oder gefallen soll. Wir betonen oder verschleiern gewisse Dinge, verbergen die Unstimmigkeit unseres Gefühls und Verhaltens. Wir treffen Vorsichts- und Sicherungsmaßnahmen, z.B. Make-up, Kleidung, Tonfall, Gestik, um den Erwartungen und Projektionen der anderen gerecht zu werden. Mit anderen Worten: der Eindruck von Realität, den wir erwecken wollen, ist äußerst zerbrechlich. Ein Lapsus, ein verunglückter Satz, Erröten oder Hängenbleiben kann einen Auftritt empfindlich stören.

Die Sache wird noch komplizierter, wenn wir bedenken, dass unsere Kommunikation nur zum Teil kontrollierbar ist. Wir können zwar unsere Worte und Inhalte manipulieren, aber über unsere Ausstrahlung haben wir nur wenig Macht und Kontrolle. Den Ausdruck, den wir ausstrahlen, können wir nicht absichern.

Hier zeigt sich die Asymmetrie jedes Auftritts. Als Darsteller sind wir uns dessen bewusst, was wir tun und sagen, die Zuschauer können aber einen zweiten Kommunikationsstrom wahrnehmen – unsere Ausstrahlung. Die sogenannte Privatheit ist demnach eine Illusion, unsere Zuhörer können an unserer Ausstrahlung ablesen, was in uns vorgeht.

Interessant ist in diesem Zusammenhang, dass in jeder Gesellschaft ein ausgeprägtes Interesse an Störungen oder

Inkongruenzen bei Auftritten herrscht. Der Vorrat an Geschichten über Missgeschicke, Enthüllungen und Peinlichkeiten ist unermesslich. Menschen lieben solche Erzählungen als Quelle der Erheiterung, der Schadenfreude, als könnten sie damit die eigenen Ängste und Befürchtungen in Schach halten.

Lampenfieber und Rolle

Bleiben wir noch etwas bei der Rollentheorie und betrachten das Phänomen Lampenfieber aus dieser Perspektive. Bei jedem Auftritt nimmt man die mit der eigenen Rolle und die mit den anderen verknüpften Rollenerwartungen wahr. Daraus ergibt sich die Einstellung zur jeweiligen Rolle. Aus der persönlichen Einstellung zur Rolle, „sie ist mir auf den Leib geschrieben", oder „diese Rolle liegt mir nicht besonders", formt sich ein spezifisches Rollenverhalten. Unser Selbstwertgefühl ist geprägt von drei Faktoren: von der Rolle, die wir übernehmen, von unserer Einstellung zu ihr, und von der Wertschätzung von außen. Wenn wir uns in einer bestimmten Rolle nicht wohl fühlen oder sie gering schätzen, leidet unser Selbstwertgefühl. Es leidet auch, wenn wir befürchten müssen, eine Rolle nicht adäquat ausfüllen zu können. Meist braucht es dann nur eine kleine Unstimmigkeit, um uns zu verunsichern.

Auftrittssituationen sind oft ein Gemisch aus Attraktion und Vermeidung. Einerseits fasziniert uns das Gesehenwerden als Selbstbestätigung, andererseits fürchten wir das Exponiertsein, die mögliche Blamage und manchmal sogar den Erfolg. Wir sind wie gebannt von diesem Sowohl-als-auch und damit nicht in der Lage, klar zu entscheiden, ob wir diese Rolle mit allen Konsequenzen annehmen oder sie ablehnen und weitergehen. Wir verharren in der Unentschiedenheit, und hier kann sich die Angst einnisten. Die Energien können nicht ungehindert fließen, da sie von diesem Konflikt aufgesaugt werden. Ein typischer Konflikt: „Ich möchte mich zeigen und bewundert werden, aber ich möchte mich am liebsten verstecken", „Ich habe keine Lust ständig den Boss zu spielen, aber ich bekomme dafür so viel Zuwendung".

Diese Art von Konflikt tritt auch dann auf, wenn man gezwungen ist, eine Rolle ständig zu wiederholen. Selbst wenn eine Rolle zunächst befriedigend ist, kann sie durch ständige Wiederholung leiden. Vor allem Schauspieler, Musiker und Verkäufer sind von dem Phänomen „Rollenmüdigkeit" betroffen, weil sie Tag für Tag derselben Routine ausgesetzt sind, und weil das Publikum von ihnen erwartet, dass sie ihre Sättigung nicht zeigen. Man erwartet ja sogar, dass sie immer so auftreten, als wäre es das erste Mal. Die Erwartung, stets in Hochform zu sein, immer wieder frisch und „voll da zu sein" kann man an Maschinen, aber nicht an Menschen richten.

Der Hauptkonflikt liegt darin, dass eine Rolle mit mehr oder weniger „konserviertem" Verhalten verbunden ist. Je nachdem wie fest geprägt, rigide oder gefroren eine Rolle ist, die die jeweilige Gesellschaft dem Individuum abverlangt, desto größer ist auch der innere Widerstand. Je mehr Menschen sich durch vorgeformte Rollen von sich selbst weggeführt fühlen, desto größer wird ihre Abwehr oder die Anfälligkeit für Ängste des Nicht-Gelingens, des Versagens. Als Beispiel: Schauspieler oder Musiker, deren Partituren und Stücke festgelegt sind, reagieren viel mehr mit Lampenfieber, als Ärzte oder Richter, deren Rollen mehr Spontaneität erlauben.

Lampenfieber steht in engem Zusammenhang damit, wie eng und fremd eine Rolle in Bezug auf das eigene Selbst erlebt wird. Das Ausmaß des Lampenfiebers steigt fast direkt proportional zur Rigidität und Geschlossenheit einer Rolle, die dem Individuum kaum Freiheitsgrade erlaubt.

Was können wir daraus für den Umgang mit Lampenfieber folgern? Ausschlaggebend scheint mir, dass wir mindestens die ersten zwei bis drei Jahrzehnte unseres Lebens als

Lernende und Nehmende, als Teil einer Lerngruppe oder Zuhörerschaft verbracht haben. Die entscheidenden Jahre haben wir geübt, zuzuhören und aufzunehmen. Wenn wir nun als Erwachsene in der Rolle des Gebenden, Produzierenden, Vortragenden auftreten, stellen wir fest, dass wir auf diese Wende kaum vorbereitet sind. Wir sind einfach nicht geübt, mit den veränderten Bedingungen der Auftrittsrolle umzugehen. Diese Rolle verlangt nämlich andere Fähigkeiten und Fertigkeiten als die, die wir in der Schule und im Alltag eingeübt haben.

Auftreten verlangt eine andere Bewusstseinshaltung und Aufmerksamkeit, deren Regeln wir erst lernen müssen. Wer vorn steht oder führt, muss sich anders bewegen, anders sprechen. Vor allem muss er seine Rolle konzentriert wahrnehmen und begreifen, dass Auftreten auch heißt, Macht zu haben. Gerhard Mantel spricht von der Kommunikationshaltung, die da lautet: „Hört mal alle her!", die im Kern beschreibt, was es heißt, seine Rolle einzunehmen. Das heißt, anzuerkennen, dass man etwas zu sagen hat. Anzunehmen, dass man allein auf seinem Posten steht und keine andere Wahl hat, als die Darbietung zu Ende zu führen. Es gibt kein Zurück, kein Noch-nicht oder Später. Wenn das Flugzeug erst einmal gestartet ist, muss es auch wieder landen.

Ursachen der Angst

Das Forschungsteam von Dirk Hellhammer und Clemens Kirschbaum vom Trierer Forschungsinstitut für Psychologie und Psychosomatik wollte herausfinden, was in Menschen vor sich geht, die sich öffentlich zeigen. In den 90er Jahren wurde deshalb der mittlerweile berühmt gewordene Trierer Sozial-Stress-Test durchgeführt, bei dem Studenten eine fünfminütige Rede vor einer dreiköpfigen Kommission halten sollten. Eigentlich ist solch eine Rede nicht spektakulär, dennoch konnten sie nachweisen, dass selbst ein Kurzauftritt als massive Bedrohung für das Selbstwertgefühl empfunden wird, die mit starken körperlichen Reaktionen einhergeht. Zum ersten Mal konnte empirisch nachgewiesen werden, dass eine rein psychische Anspannung eine massive körperliche Reaktion auslösen kann.

Dieses Ergebnis wurde durch eine weitere Studie gestützt. Sie untersuchten Turniertänzer, sowohl in Vorbereitung auf ein Turnier als auch unter Turnierbedingungen. Das Ergebnis war wiederum verblüffend. Selbst routinierte Tänzer mit langjähriger Erfahrung reagierten mit massiven Stressreaktionen, wenn sie von den Turnierrichtern für ihre tänzerische Leistung bewertet wurden.

Fazit: Nicht die Bewegung, die körperliche Aktivität als solche, sondern allein die Bewertung durch eine wichtige, als bedeutsam empfundene Person wird als starke Bedrohung des Ichs erlebt, so dass der Körper darauf mit intensiven Stressreaktionen antwortet.

Was lässt sich daraus folgern? Was Menschen in früheren Zeiten auf die Natur, die Götter und den Teufel projizierten, hat sich heute nach innen verlagert. Wir haben nicht mehr Angst, von einem Säbelzahntiger angegriffen zu werden, aber wir haben Angst vor einer Gruppe, der wir etwas vortragen wollen, vor einer Autorität, der wir unsere Meinung sagen wollen, oder einer Situation, in der wir unser Können zeigen wollen. Wir haben Angst um die Einschätzung unseres Wertes durch andere. Die echte Lebensbedrohung wird ersetzt durch eine vorgestellte Bedrohung: die Herabsetzung unseres Wertes im Blick der anderen. Diese Angst beeinträchtigt unseren Wunsch, uns zu zeigen. Was tun wir? Wir zermartern uns das Gehirn, weil wir nicht gut genug waren, oder weil wir eine schlechte Figur abgegeben haben. Wir grübeln darüber nach, wie wir in Zukunft besser dastehen können, wie wir Pannen und Peinlichkeiten vermeiden können. Wir sind heute in einem viel stärkeren Maße auf die Beachtung und Wertschätzung der anderen angewiesen, weil die Aufmerksamkeit anderer heute zu einem knappen Gut geworden ist. Ihr Bezug sticht jedes andere Einkommen aus. Wir halten es einfach nicht aus, ohne die Vorstellung, eine Rolle im Seelenleben der anderen zu spielen. Unsere Seele bedarf der Zuwendung von außen genauso wie der Körper die Luft zum Atmen braucht.

So ist denn auch die Angst verständlich. Sie sagt uns, dass unser Wert auf dem Spiel steht. Aber nicht die Angst ist der Fehler, sondern die Einstellung zu ihr. Statt uns zu quälen, sollten wir versuchen, die Situationen, die uns Angst machen, wahrzunehmen, ihnen ins Auge zu schauen und sie als bewusste, konzentrierte Herausforderung anzusehen. Es gibt ein Bild des früh verstorbenen Castanedas: der Krieger. Übersetzen wir es auf die Auftrittssituation bedeutet es, dass es darum geht, zu lernen, mit der Angst zu leben, ohne uns von ihr beherrschen zu lassen und ohne uns von ihr den Wunsch rauben zu lassen, uns vor anderen zu zeigen und auszudrücken. „Dort wo die Angst ist, geht es lang", heißt es im Volksmund. Verwandeln wir unsere Angst in eine bewusste Entschlossenheit: „Ich bin zwar noch ängstlich, aber ich stelle mir meinen Auftritt so und so vor... Ich weiß, was ich sagen oder ausdrücken möchte, und ich stelle mich der Situation ... Ich konfrontiere mich mit einem Problem, das uns alle betrifft – die Angst um die Einschätzung meines Wertes durch andere."

Sich zeigen ist die mutige Aktion eines Menschen, die selbst errichteten Schranken zu überwinden. Solange das Misstrauen die Oberhand hat, verstecken wir uns voreinander. Das Wort „Angst" kommt vom lateinischen „angustus", was so viel wie „eng" bedeutet. Diese etymologische Wurzel, sowie das körperliche Gefühl der Enge, das mit Lampenfieber verbunden ist, zeigen den Hintergrund der Angst im psychoanalytischen Sinn als Symptom des Abgeschnittenseins, der Trennung. Wo Angst ist, da ist aber nicht nur Trennung, sondern auch Energie und Kraft, die diese Grenze überschreiten will. Angst signalisiert auch Lebenskraft, die Kraft der Liebe im allerweitesten Sinn. Insofern ist Angst nicht nur ein Alarmsignal, sondern Zeichen für blockiertes Leben, das es zu befreien gilt. Unsere Stärke könnte darin liegen, dass wir die selbst gesetzten Grenzen als überschreitbar erfahren. Dazu bedarf es der Übung, der Unbeirrbarkeit und der Verlässlichkeit des Suchens. Wir sind keineswegs schwach, solange wir uns nicht auf unsere Schwäche zurückziehen. Unsere Angst gibt uns die Chance zur Grenzüberschreitung.

Magie der Aufmerksamkeit

Es gibt Menschen, die es vorziehen, ihre Fähigkeiten und Fertigkeiten im privaten Raum zur eigenen Befriedigung zu erproben und auszuüben. Ich denke an die vielen, die im stillen Kämmerlein ihre gedanklichen, tänzerischen oder gesanglichen Fähigkeiten ausleben. Es genügt ihnen, sich an ihrem Können zu erfreuen, sie sind sich selbst beides: Aufführende und Publikum zugleich. Fast alle gesunden Kinder sind kleine Künstler. Sie improvisieren, tanzen, mimen, dichten, spielen Theater, machen Rollenspiele oder spielen mit Puppen. Sie kennen kein Lampenfieber, weil eine wichtige Quelle dafür fehlt: die Bewertung von außen. Aber es fehlt auch der Blick von außen, die Resonanz, Beachtung und das Korrektiv.

Selbst das Größte, was Menschen für sich im Stillen leisten, bleibt klein, wenn es nicht mit anderen geteilt wird. Wenn keine äußere Beachtung zu Hilfe kommt, erhebt uns das stille Glück des Gelingens meist nur kurz. Es muss noch etwas hinzukommen. Zumindest muss man davon träumen können, dass auch die anderen schauen und zuhören. Es ist die Zuwendung der anderen Seele, die wir als motivierend erleben. Der Soziologe Georg Franck meint: „Ohne die Vorstellung, eine Rolle im anderen Seelenleben zu spielen, halten wir es ganz einfach nicht aus [...] Der zwischenmenschliche Tausch der Aufmerksamkeit ist zwar Magie. Er ist aber Magie, die funktioniert."

Egal wie begabt, gebildet, attraktiv und erfolgreich Menschen sind, viele zweifeln tief innen an sich selbst. Sie stellen ihr Licht unter den Scheffel und konzentrieren sich auf ihre Schwächen. Allzu leicht finden sie Beispiele, wo sie kritisiert, abgelehnt oder übersehen wurden. Gern würden sie etwas ändern, aber sie wissen nicht wie. Es ist schade, dass so viel Lebenskraft, Ideenreichtum und Ausdruckswillen dadurch versickern, dass ihnen keiner sagt, wie sie es besser machen können. Ich erlebe immer wieder, dass schon allein das Wort „Auftritt" Unruhe, Verlegenheit oder Abwehr auslöst.

Tatsächlich kostet es Energie und Mut, sich vor anderen zu zeigen. Und die bange Frage: „Wie stehe ICH da? Was denken die ANDEREN von mir?" lässt sich nicht einfach wegwischen. Sie kann auch nicht abgetan werden als rein neurotische Reaktion. Diese Frage ist nun mal da und will ernst genommen werden. Denn hier zeigt sich eine der wichtigsten Quellen des Lampenfiebers: Der Aufmerksamkeitsfokus ist zu sehr auf Selbstbeobachtung und Selbstzentrierung gerichtet und zu wenig auf die Sache selbst. Der erste Schritt im Umgang mit Lampenfieber heißt daher: Sach- und Prozessorientierung.

Bei öffentlichen Auftritten wird erwartet, dass man vortragen und präsentieren kann. Das sind aber Fähigkeiten, die man systematisch üben muss. Leider kümmern sich – etwa im Gegensatz zu den USA, wo diese Fähigkeiten schon in der Schule systematisch trainiert werden – hierzulande weder die Schule, die Universität noch andere Institutionen darum. Das Thema „Lampenfieber" ist heute nach wie vor ein Tabu-Thema. Gerade wer besonders betroffen ist, spricht kaum darüber, allenfalls im häuslichen Kreis. Man kann Lampenfieber zur Privatsache erklären, aber auf diese Weise wird verschleiert, dass es nicht nur ein Problem Einzelner, sondern das Problem einer Gesellschaft ist, die hohe Erwartungsansprüche an den Einzelnen stellt.

Vor anderen aufzutreten und zu reden muss man lernen, genauso wie Surfen oder Klavier spielen. Wer sich das zugesteht, handelt selbstbewusst. Wer von sich verlangt, es können zu müssen, überfordert sich.

Zwischen Selbstbewusstsein und Selbstüberforderung: Gedanken schaffen Fakten

Der Komponist Frédéric Chopin hat einmal gesagt, Lampenfieber sei nichts anderes, als mehr zeigen zu wollen, als man kann. Deswegen ist ein realistischer, wertschätzender Umgang mit sich selbst eine wichtige Voraussetzung, um die Angst zu überwinden. Ein sinnvoller Satz wäre: „Ich trete so gut auf, wie ich es jetzt kann. Ich habe alles getan, um mich gut vorzubereiten. Mehr verlange ich nicht von mir." Meinen Studenten sage ich oft kurz vor dem Auftritt: „Du musst deine Sache auf der Bühne nicht besser machen als jetzt." Dadurch sind sie entlastet, positiv aufgebaut und können sogar Genuss und Vorfreude entwickeln. Übertragen auf den Alltag könnte das heißen: Legen Sie Ihren Anspruch auf Perfektion in die Vorbereitung und lassen Sie beim Auftritt das kommen, was Sie schon können und wissen.

Ein kleines Gedankenexperiment: Manche Menschen würden gern Klavier spielen oder gut kochen können. Es schmälert aber ihr Selbstwertgefühl nicht, dass sie es nicht können. Es ist ihnen einfach nicht wichtig genug. Das ist bei Auftritten, Reden oder Referaten für viele anders. Sie meinen, „Wenn ich eine Rede halte, geht es schief. Und wenn es schief geht, bin ich blamiert und kann mit den Folgen nicht umgehen."

Es ist offenkundig: nicht die Anforderungen selbst sind es, die beunruhigen, sondern die Vorstellungen, die wir uns über die Anforderungen machen. Diese Sichtweise war schon vor mehr als zweitausend Jahren bestens bekannt. In seiner Schrift „Enchiridion" sagt Epiktet: „Den Menschen erregen nicht die Dinge selbst, sondern seine Sicht der Dinge." Wie recht er hat, erlebt man, wenn man zwei Menschen über ihre Auftritte reden hört. Was den einen extrem aufregt, lässt den anderen ziemlich gelassen. Der eine stirbt fast vor Angst, während sich der andere freut.

Bei Auftritten bewegen Menschen sich zwischen zwei Polen: Selbstbewusstsein und Selbstüberforderung.

Eine selbstbewusste Reaktion auf einen Auftritt könnte lauten: Jeder Auftritt ist eine gute Übungsmöglichkeit für mich. Ich werde meine Darbietung gut vorbereitet und verständlich vortragen. Ich muss nicht besser sein, als ich bin. Niemand erwartet Glanzleistungen von mir. Im Gegensatz dazu beinhaltet Selbstüberforderung den Anspruch: Ich darf keinen Fehler machen. Ich muss sicher auftreten. Ich muss die anderen beeindrucken. Mir darf ja nichts passieren. Selbstüberforderung wird durch Gebote und Verbote gesteuert, die überhöht, unrealistisch und hausgemacht sind. Man beschäftigt sich zu sehr mit sich selbst, statt mit der Aufgabe. Denn was wird bei einem Vortrag beispielsweise tatsächlich verlangt? Eine verständliche, strukturierte Darstellung, aber kein perfekter Auftritt oder ein rhetorisches Feuerwerk. Niemand verübelt einen Versprecher oder einen unvollständigen Satz. Es genügt, wenn ein Vortrag „Hand und Fuß" hat, einigermaßen verständlich ist oder zum Nachdenken anregt.

Beruhen unsere Vorstellungen auf falschen Annahmen, lösen sie Gefühle aus, die sich auf unsere Handlungen beeinträchtigend auswirken. Deswegen helfen eine nüchterne Betrachtung der tatsächlichen Anforderungen und ein Rückblick auf bisherige Erfahrungen. Das könnte zu realistischen Einsichten führen: „Ich habe bisher schon einige Prüfungen bestanden ... Ich habe schon öfters vor Leuten geredet und jedes Mal lief es sogar gut ... Nach ein paar Minuten wurde ich jedes Mal ruhig ... Mir ist noch nie etwas voll danebengegangen." Deshalb kann ich darauf bauen, dass: „es auch dieses Mal klappen wird", dass „es wahrscheinlich einigermaßen gut wird", dass „die Welt nicht untergeht, wenn ich den Faden verliere, oder wenn ich mich verspreche."

Der Satz: „Man kann nicht mehr geben, als man hat", könnte ein Leitsatz sein. Ein befreiender Satz, denn wenn man weiß, was man hat, kann man auch alles geben. Gelingt solch eine realistische, wertschätzende Einstellung, so ist man schon ein gutes Stück weit auf dem Weg zum selbstbewussten Auftreten.

Die innere Landschaft des Lampenfiebers

Wir nähern uns nun der inneren Landschaft des Lampenfiebers. In der Tat ist Lampenfieber ein vielschichtiges Phänomen, vergleichbar einer Symphonie, bei der viele Motive, Rhythmen und Melodien miteinander verwoben sind. Also keine klar abgegrenzte Erscheinung, sondern eine Palette von Reaktionen, die bei jedem Menschen je nach Lebensgeschichte verschieden zusammen wirken. Jeder hat sein Lampenfieberprofil. Jeder hat seine eigenen inneren Resonanzen: im Körperlichen, Emotionalen, Kognitiven, im Verhalten und in den Vorstellungen. Meist ist die Ursache für Lampenfieber nicht leicht zu finden. Oft steckt dahinter ein traumatisches Erlebnis, das völlig banal sein kann, wie beispielsweise folgende Situation: In der Grundschule muss ein Junge ein Gedicht in der Klasse vortragen. Seine Schulkameradinnen machen sich lustig über seine zu kurzen Jeans. Ein anderer erinnert sich an eine Turnstunde, als der Sportlehrer über seine Ungeschicklichkeit witzelte und die anderen ihn „Weichei" nannten. Aus solchen Situationen kann die Angst vor dem Auftreten entstehen, denn Lampenfieber hat meist eine Geschichte. Wenn es gelingt, diese zu verstehen, wird das Lampenfieber auch bearbeitbar.

Jeder Betroffene weiß am besten, was er als Lampenfieber bezeichnet und wie sich sein Lampenfieber anfühlt. Zur besseren Orientierung möchte ich mich auf vier charakteristische Reaktionsweisen von Lampenfieber beschränken, die je nach Person mehr oder weniger stark auftreten und überwiegen können.

Körperliche Reaktionen: Lampenfieber ist in erster Linie Körpererleben. Es kann sich vorwiegend kardial äußern durch unregelmäßiges, rasches oder verstärktes Herzklopfen, vaskulär durch Blässe oder Erröten, muskulär durch Zittern, Muskelverspannungen oder weiche Knie; respiratorisch durch beschleunigte Atmung, Engegefühl und gastrointestinal durch Magenschmerzen, Blähungen, Aufstoßen, Kloßgefühl im Hals oder Erbrechen. Als Reaktion des vegetativen Nervensystems kann es zu Schwitzen, weiten Pupillen oder Harndrang kommen. Als Reaktion des zentralen Nervensystems zu Kopfschmerzen, Augenflattern, Schwindel oder Ohnmachtsgefühl.

Emotionale Reaktionen: Man fühlt sich angespannt, leicht reizbar oder deprimiert. Beklemmungsgefühle und Angst treten auf, gekoppelt mit dem Gefühl, der Situation nicht gewachsen zu sein oder von ihr überwältigt zu werden. Gefühle der Hilflosigkeit oder Scham können sich ausbreiten. Panik oder Kontrollverlust können sich entwickeln, bis hin zu extremen Ängsten „Ich überstehe das nicht". Alte Gefühle, die mit traumatischen Vorerfahrungen zusammenhängen, können nach oben geschwemmt werden.

Kognitive Reaktionen: Man kann sich nicht mehr konzentrieren, das Gedächtnis lässt nach. Das Denken ist verlangsamt. Man vergisst Details oder sogar wichtige Schwerpunkte. Man ist verwirrt bis hin zur totalen Denksperre, oder man grübelt und sorgt sich, was alles falsch laufen könnte. Die Gedanken kreisen um Gefahr, Bedrohung, Versagen, Scheitern und Niederlage.

Reaktionen im Verhalten: Manche reagieren mit Schlafstörungen, sie können nur schlecht einschlafen oder wachen häufiger inmitten der Nacht oder viel zu früh morgens auf. Der Appetit schwindet oder man isst zwanghaft, um die Angst und die Unruhe zu dämpfen. Man verhält sich hektisch, betriebsam oder apathisch und antriebsarm. Übererregtheit wechselt mit Erschöpfung.

Auch wenn es Gemeinsamkeiten gibt, so verbergen sich doch hinter der Maske des Lampenfiebers unendlich viele

Landschaften. Es stellt sich die Frage: Warum reagiert der eine mit Zittern, der andere mit Schweißausbrüchen, Taubheitsgefühlen, und ein Dritter fühlt sich wie gelähmt? Auffallend ist, dass sich die hemmende Wirkung des Lampenfiebers meist auf eine spezielle Tätigkeit auswirkt, so, als hätte jeder sein „Angstorgan". Also eine Stelle im Körper, die für die jeweilige Tätigkeit besonders wichtig und deshalb auch eher verletzbar ist. So erleben Redner Trockenheit im Mund, Pianisten klagen über feuchte, kalte Hände, Sänger über Heiserkeit, Schauspieler über Gedächtnisprobleme. Wie kommt es, dass wir ausgerechnet eine zittrige Stimme oder einen Kloß im Hals bekommen, also gerade das, was wir beim Sprechen am wenigsten gebrauchen können? Wie kommt es, dass wir gerade dann feuchte Hände bekommen, wenn wir vielen Leuten die Hand schütteln müssen? Warum trifft es einen immer gerade an der Stelle, die einem so wichtig ist?

Anfälligkeit für Lampenfieber

Die Anfälligkeit für bestimmte individuelle Lampenfieberreaktionen hängt von unserer Verletzlichkeit ab. Sämtliche Tätigkeiten, die mit Selbstausdruck, Sich-Zeigen und Öffentlichkeit verbunden sind, beinhalten ein erhöhtes Risiko an Verletzlichkeit. Hinzu kommt, dass bei Auftritten der Körper oder auch die Stimme in einer durch Training perfektionierten, spezialisierten oder stilisierten Art und Weise eingesetzt wird, die über das hinausgeht, was für das tägliche Überleben notwendig wäre. Als Beispiel: Man überlege einmal, was es für einen Pianisten heißt, ein ganzes Konzert fehlerfrei zu spielen. Das Publikum erachtet dies als selbstverständlich, aber eigentlich ist es eine übermenschliche Leistung.

Je spezialisierter wir uns mit einer bestimmten Kompetenz identifizieren, oder, anders gesagt, je enger, stilisierter und restriktiver wir uns über eine Kompetenz definieren, z. B. als Fußballerin, Fallschirmspringer, Surfer, oder Computerspezialistin, desto verletzbarer werden wir genau an den Stellen, die über unser Können entscheiden. Also gerade jene Bereiche, auf die wir unseren Lebenseinsatz am meisten fixiert haben, sind die Angriffsflächen für Verletzlichkeit.

Mir fallen „Zigeunermusikanten" ein, wie lustvoll und instinktsicher sie ihre Instrumente handhaben, wie sie mit ihren Geigen mit dem Publikum sprechen und scherzen. Im Gegensatz zu klassischen Geigern, die an jeder Phrase, jeder Note feilen, denen man die Anstrengung harten Übens anmerkt, vertrauen sie auf den Dialog mit ihren Zuhörern. „Zigeunermusikanten" kennen kein Lampenfieber, weil sie Spielraum haben. Sie dürfen improvisieren, kokettieren, rühren, mit ihren Geigen schluchzen und streicheln. Ihre Rollen sind nicht eingeengt.

Ein Musikstudent sagte einmal: „Eine Ameise tut jeden Tag das Gleiche. Aber wir sind doch keine Insekten. Wir sollten vieles können, Kuchen backen, den Computer bedienen, schreiben, spielen. Diese ganze Perfektion ist doch nicht menschenfreundlich." Recht hat er, denn unsere leibliche Ausstattung, insbesondere die sinnenhafte Ausstattung, ist nicht auf Spezialisierung ausgelegt. Unsere kinästhetischen Sinne führen zum Tanz, das Gehör ins Musikalische, das Auge zu den Farben, das Taktile zum Plastizieren, Geruch und Geschmack zum Experimentieren. All diese Sinne können gefördert oder eben eingeengt, beschränkt oder zum Verstummen gebracht werden. Je eingeengter und repressiver wir mit unseren Sinnen umgehen, desto unzugänglicher wird die Sprache der Fantasien, Bilder und Träume. Der Reichtum unseres Unbewussten wird durch Einseitigkeit und zu starke rationale Ausrichtung unterdrückt, wir verlieren unsere Unbefangenheit und Kindlichkeit im guten Sinne.

Lampenfieber hängt deshalb auch mit einer eng definierten Identifikation unseres Tuns, mit Stereotypie von Bewegungsmustern, mit Stilisierung und Spezialisierung gewisser Funktionen unseres Körpers zusammen. Als Faustregel könnte man aufstellen: je enger ein Handlungsmuster, über das wir uns definieren, desto verletzbarer und angstanfälliger werden wir. Und umgekehrt: Je weiter wir unsere Lebensmuster auslegen – beispielsweise als Chormitglied, Lehrerin, Gastgeberin, Entertainerin – desto weniger Angriffsfläche bieten wir dem Lampenfieber.

Jeder hat sein „Angst-Organ"

Betrachten wir zunächst einmal die Schatzkiste des Volks-
mundes. Es gibt zahlreiche Redensarten für Lampenfieber,
die eindrücklich machen, wie eng die Beziehung zwischen
Gefühlen, Situationen und körperlichen Reaktionen ist.

Mir bleibt die Luft weg.
Es verschlägt mir die Sprache.
Es schnürt mir die Kehle zu.
Mir bleibt die Spucke weg.
Ich bekomme kalte Füße.
Wenn das in die Hosen geht ...
Ich habe die Hose voll.
Mir sitzt etwas im Nacken.
Mir dreht sich der Magen um.
Ich habe Schiss davor.
Da habe ich mir etwas aufgehalst.
Das macht mich krank.

Unser Körper gibt uns Signale. In der Sprache drückt sich aus,
wie Gefühle und Körpergeschehen untrennbar miteinander
verbunden sind. Jemand, der vor einem Auftritt sagt, dass
ihm die Luft wegbleibt, kann damit ausdrücken, dass er sich
überfordert fühlt. Oder jemand, der kalte Füße bekommt,
würde am liebsten fliehen und sich verkriechen. Kurzum:
jeder hat sein Angst-Organ, an dem das Lampenfieber an-
dockt. Wenn wir es als Wegweiser betrachten, entdecken wir
persönliche Erkenntnis und verborgenen Sinn, der nicht nur
zeigt, was uns fehlt, sondern auch, was uns helfen könnte.

Es gibt zwei grundlegende Reaktionsmuster auf Lampenfieber: das Muster der Kampfbereitschaft, des Angriffs und der
Aggression, und das Muster des Rückzuges, der Flucht und

der Hilflosigkeit. Entscheidend für unsere körperlichen Reaktionen ist die innere Haltung und das Ausmaß der Betroffenheit, das wir einem Auftritt gegenüber empfinden. Es geht um die Frage: Wie bewerte ich einen Auftritt? Unser Körper nimmt unsere Einstellung wörtlich und repräsentiert unsere innere Haltung direkt durch die Organsprache. Er wählt die entsprechenden Organe, die mit dem Erleben verbunden sind. Anders gesagt: aus der Organsprache erhalten wir sinnvolle und entschlüsselbare Antworten auf subjektiv empfundene Belastungen. Gefühle und Haltungen haben ihre eigenen körperlichen Begleiter, die über das vegetative Nervensystem zustande kommen. Das Nervensystem ist mehr als nur ein Empfänger von Reizen, es reguliert auch das Verhältnis des Individuums zu seiner Gruppe. Was man als sozialen Druck oder als Notwendigkeit der Anpassung bezeichnet, verspürt das Individuum als seelische Empfindung, die durch neurophysiologische Prozesse aktiviert wird.

Es gibt charakteristische Symptome, die den Zusammenhang zwischen persönlicher Einstellung zu einem Auftritt und den jeweiligen körperlichen Prozessen verdeutlichen. Ich habe ein paar der am häufigsten auftretenden zusammengestellt:

Kalte Hände sprechen von Distanz. Sie sind schlecht durchblutet und verraten, dass die Person mit ihrer Lebenskraft zurückhält und nicht auf Kontakt aus ist. Sind sie zusätzlich noch feucht, schwingt Angst mit. Wenn der kalte Schweiß ausbricht, fühlt man sich eher geplagt als kommunikativ gestimmt. Kalte Hände treten häufig auf, wenn die Person Aktionen ausführen muss, jedoch unsicher ist, weil sie nicht ausreichend vorbereitet ist, oder weil sie nicht genau weiß, was zu tun ist. Kalte Hände zeigen Kontaktprobleme und verraten die Angst, Verbindung und Verbindlichkeit herzustellen.

Durchfall hängt oft mit dem Wunsch zusammen, eine unangenehme Situation möglichst rasch loszuwerden. Statt im übertragenen Sinn durchzustarten, erlebt man den „Durchmarsch" im Darm. Wenn man Angst hat, nimmt man sich nicht mehr die Zeit, sich mit der Situation auseinander zu setzen. Man lässt alle Eindrücke unverdaut durchfallen.

Das Gegenteil, die *Verstopfung,* tritt eher dann auf, wenn man Angst hat und zu stark festhält, oder wenn man entschlossen ist, eine Situation durchzuhalten. Die Therapie lautet: loslassen und ausdehnen, flexibel und weich werden!

Muskelverspannungen erhalten eine Bedeutung, wenn man sie unter dem Aspekt einer defensiven Geste betrachtet. Wenn jemand einen imaginären „Schlag" erwartet, dann spannt er die Muskeln des Kopfes, der Brust und der Arme an. Das ist eine Schutzreaktion, um die Gefahr der Verletzung zu verringern. („Es ist, als ob mir die Hände gebunden wären.") Verspannungen treten auch häufig im Nacken auf, wenn eine Person einen „Schlag" befürchtet, oder wenn sie sich vor einer Situation schämt. Als archaisches Überbleibsel der Unterwerfungsgeste senken wir den Kopf, wenn wir uns schämen oder gedemütigt fühlen. Unser urteilendes Gehirn löst aber den Gegenbefehl aus, den Kopf hochzuhalten. So erhalten die Nackenmuskeln widersprüchliche Botschaften, verspannen sich und schmerzen. Wie der Volksmund weiß: „Halt den Nacken steif", „Kopf hoch!"

Diese Beispiele verdeutlichen, wie spezifische Symptome als symbolische Sprache des Körpers verstanden werden können. Gefühle, Haltungen und Körperreaktionen verlaufen gleichzeitig und sind unlösbar miteinander verbunden. Eine eindeutige Zuordnung ist natürlich nicht immer festzustellen, aber es gibt typische Muster und Beobachtungen, die wichtige Ansatzpunkte für den Umgang mit Lampenfieber geben.

Grundsätzlich lässt sich jetzt schon festhalten, dass die Betroffenen lernen müssen, ihr körperliches „Nein" zu deuten, so dass die blockierte Eigenbewegung verstanden und damit auch freigesetzt werden kann.

Ich sprach schon früher davon, dass Lampenfieber immer mit Enge und mit Festhalten verbunden ist. Die Therapie lautet daher im Ansatz: Loslassen und ausdehnen, flexibel werden und geschehen lassen!

Psychologie des Lampenfiebers

Fast jeder leidet vor einem öffentlichen Auftritt. Aber warum trifft es den einen nur leicht, während ein anderer schwer geplagt ist? Neben den äußeren Auslösern gibt es auch innere Ursachen, die in der Persönlichkeit des Einzelnen verankert sind. Die Funktion von Lampenfieber ist es, ein Ungleichgewicht zwischen äußeren Anforderungen und eigenen Bewältigungsmöglichkeiten zu signalisieren. Das Ungleichgewicht kann entweder darin bestehen, Erwartungen nicht gerecht werden zu können, oder die Selbstkontrolle zu verlieren. In beiden Fällen ist Lampenfieber ein Vorgefühl, das eine Schranke errichtet vor der Ungewissheit des Auftritts. Im Grunde verdichtet sich im Lampenfieber unsere Angst vor dem Ausgeliefertsein an das Ungewisse, Unkontrollierbare, Unwägbare – dem Seiltanz des Lebens.

Gelegentlich begegnet man Menschen, die unter Alltagsbedingungen durchaus den Eindruck machen, sich durchsetzen zu können, die aber als Vortragende plötzlich von panikartiger Angst überflutet werden. Und es gibt andere, die immer leicht unruhig, gestresst und irritierbar sind, aber vor Publikum eine bewundernswerte Ruhe an den Tag legen. Und manchmal haben Menschen, die als Redner und Diskussionspartner Exempel an Selbstsicherheit verkörpern, rasendes Lampenfieber, wenn sie vor Freunden Klavier spielen sollen. Dies zeigt, dass die gleiche Situation für jeden einen anderen Stellenwert besitzt, der abhängig ist von der persönlichen Bewertung der Situation.

Fragt man nach dem gemeinsamen Nenner von Situationen, die Lampenfieber auslösen, sind es Situationen, in denen Selbstbehauptung und Selbstdurchsetzung verlangt wird: Reden, Vorträge, Konzerte, Moderationen, Wettkämpfe, Prüfungen. Und das Wichtigste: es sind Situationen, in denen man dem Urteil anderer ausgesetzt ist und bewertet wird. Ein entscheidendes Merkmal für die Angst ist der Zukunftsbezug von Auftritten. Versagt ein Schauspieler auf großer Bühne, so verreißen ihn die Kritiker am nächsten Tag in der Zeitung. Fällt jemand bei einer Prüfung durch oder vermasselt er ein Bewerbungsgespräch, so kann eine Karriere verhindert oder gar zerstört werden. Bei einem Freundschaftsspiel unter Fußballern oder beim Hauskonzert hingegen spielt der Zukunftsbezug nur eine geringe Rolle. Besonders prädestiniert für Lampenfieber sind Situationen, die einen starken existentiellen Zukunftsbezug aufweisen und Situationen, die Gefahren für unser Selbstwertgefühl, den Verlust von Zuwendung wichtiger Bezugspersonen oder auch materieller Güter bedeuten können.

Zwischen Erwartungsdruck und Selbstzweifeln

Lampenfieber bezieht sich immer auf äußere Richter – auf Personen oder Gruppen, die Erwartungen an uns richten. Das können Eltern, Lehrer, Kollegen oder Vorgesetzte sein, oder ein mehr oder weniger großes Publikum. Manchmal wissen wir, aber meist vermuten oder fantasieren wir, was andere von uns erwarten. Das erzeugt Spannung und Druck, man fühlt sich wie unter Beweispflicht: „denen muss ich es zeigen", „hoffentlich bin ich gut genug".

Wir schreiben anderen nicht nur Erwartungen zu, sondern auch eine Reihe von be- und verurteilenden Rollen, insbesondere die Rolle des Kritikers, des Richters, des Feindes oder des Zensors. Erwartungen, die wir nach außen projizieren, schlagen aber als verselbständigte, manchmal sogar massive Macht auf uns selbst zurück und werden zu eigenen Erwartungen, die meist noch wesentlich strenger und perfektionistischer sind als die, die uns von außen begegnen. Ein falsches Wort, ein Patzer, ein verunglückter oder abgebrochener Satz, der von den Zuhörern oft nicht einmal bemerkt wird, plustern sich zu Katastrophen auf, weil die eigene Messlatte zu hoch angesetzt ist und die eigenen Ansprüche hochgeschraubt und unbarmherzig sind. In der Regel erwarten die Zuhörer nämlich keine Perfektion. Sie kommen ja, um zu erleben, wie ein Mensch sich zeigt und ausdrückt. Also nicht, wie manche befürchten, um Fehlerpunkte zu sammeln. Sie wollen unterhalten, angeregt oder bereichert werden und vielleicht sogar ein wenig gewandelt oder aufgestellt wieder nach Hause gehen.

Diese hohen Erwartungen, die wir auf andere projizieren, hängen zunächst einmal damit zusammen, dass wir unser Bestes geben wollen. Und dass es für uns bedeutungsvoll und wichtig ist, was wir tun. Deswegen wiegen Fehler und Pannen so schwer, weil sie uns daran erinnern, dass wir trotz aller Bemühungen fehlbar sind. Im Gegensatz zu anderen Qualifikationen, wie beispielsweise Schwimmen oder Fahrrad fahren, bei denen niemand von uns verlangt oder erwartet, dass wir fit sein müssen. Bei prestigebesetzten Tätigkeiten wollen wir beweisen, dass wir gut sind, dass wir Sehens- und Hörenswertes zu bieten haben und den fantasierten oder realen Erwartungen gerecht werden können. Positiv ausgedrückt könnte man darin auch eine Form von Respekt vor den Idealen und Werten unserer Gesellschaft sehen, die wir übernommen haben.

Im Laufe unserer Entwicklung werden Erwartungen, die unsere nächsten Bezugspersonen an uns richten, verinnerlicht und zu einem Teil unseres Selbst. Angefangen von den Erwartungen der Eltern, der Familie, später der Autoritätspersonen, führt die Entwicklung zu dem, was man das beobachtende Auge des Gewissens oder die innere Stimme nennen könnte. Hier werden äußere Erwartungen reflektiert und verstärkt durch innere Erwartungen, die sich zu eigenen Persönlichkeitszügen verdichten und den prüfenden, wertenden Blick der Elterninstanzen ersetzen. Obwohl viele Psychotherapieformen die Schattenseiten dieser verinnerlichten Stimmen betonen – man denke an Freuds „Über-Ich" oder C. G. Jungs

„Schatten" –, übernehmen wir auch die guten, fürsorglichen Anteile unserer Eltern. Die kritischen, strengen Stimmen fallen lediglich mehr auf, weil sie uns einengen und belasten.

Beim Lampenfieber zentrieren sich diese Stimmen vor allem um eine Trias: der innere Kritiker, der Zweifler und der Angsthase. Interessanterweise sind gerade diese drei das Gegenteil der Qualitäten, die wir bei Auftritten wertschätzen, nämlich Selbstsicherheit, Überzeugungskraft und Mut – unsere inneren Beistände. Obwohl diese beiden Gruppen widersprüchlich erscheinen, so hängen sie doch voneinander ab und brauchen einander. Denn wie will ich wissen, was Selbstsicherheit ist, wenn ich nicht auch Selbstkritik kenne? Erst wenn ich beide Seiten kennen lerne, kann ich mein persönliches Maß und meine Mitte finden. Und wenn ich beide Seiten miteinander versöhne, entsteht das, was wir Integration nennen.

Betrachten wir das Lampenfieber unter diesem Blickwinkel, so geschieht folgendes: Je näher der Auftritt rückt, desto mehr beginnen wir daran zu zweifeln, ob wir den selbst auferlegten oder von außen gestellten Erwartungen genügen. Nimmt der Zweifel überhand, so zweifeln wir schließlich an uns selbst und verurteilen uns dann auch noch für unsere Selbstzweifel. Die Parade unserer inneren Richter übernimmt das Kommando und übertönt unsere inneren Beistände. Wir zittern, bekommen bleierne Füße.

Oder wir lernen diesen Zustand als Herausforderung anzunehmen, um neue Wege zu gehen und neue Verhaltensweisen zu lernen, indem wir in einen Dialog mit unseren Richtern und Beiständen treten. Bevor wir uns mit diesem Dialog auseinandersetzen, werde ich allerdings noch die seelischen Hintergründe des Lampenfiebers weiter ausloten und einen Schlüsselbegriff ins Zentrum rücken: unser Selbstwertgefühl.

Die zentrale Bedeutung des Selbstwertgefühls

Im Kern von Lampenfieber steht die Angst, sich bloßzustellen oder das Gesicht zu verlieren, so dass auf peinliche Art ans Licht kommt, wie oder wer wir sind. Da es meist Menschen trifft, die sich freiwillig ins Rampenlicht stellen, trifft die Entblößung noch schwerer, da ein helles Licht darauf geworfen wird, wie sehr man sich selbst überschätzt hat. Wird man dabei ertappt, so schrumpft das Selbstwertgefühl. Es entsteht die Beschämung der Niederlage oder der Ablehnung. Ein wichtiger Konflikt ist der zwischen nach außen oder nach innen gerichteten Ansprüchen und dem Gewahrwerden der eigenen Schwäche, besonders wenn dies öffentlich geschieht. Am meisten fürchten wir das Lachen der anderen, die Blamage, die offenbart, dass wir selbst schuld sind. Wir haben uns ja selbst dazu entschieden, uns zu zeigen.

Lampenfieber betrifft das Selbstgefühl und bezieht sich immer auf ein Dreieck aus Wert, Macht und Versagen – drei sehr verletzliche Aspekte unseres Selbst. Je tiefer diese Konflikte liegen, desto mehr steht das Selbstwertgefühl auf dem Spiel, desto massiver werden die Ängste und die damit verbundenen Schutzmaßnahmen. Der Inhalt jener Konflikte kreist um verschiedene Themen: „Ich bin nicht gut genug", „Ich bin bedeutungslos und kann niemandem etwas wert sein", „Ich fühle mich schwach und versage, wenn es darauf ankommt", „Ich finde mich hässlich und unbeholfen", „Ich habe Angst, mich lächerlich zu machen", „Immer wenn von mir etwas verlangt wird, versage ich".

Die erste Frage lautet: Wer bewertet denn da? In der Regel sind es drei Instanzen: die anderen (Publikum, Gruppe, Vorgesetzte), frühere Bezugspersonen (Eltern, Lehrer) und ich selbst. Die Angst, sich bloßzustellen, rührt aus der Spannung zwischen dem, wie ich von außen bewertet werde, dem, was ich früher an Bewertungen vermittelt bekam, und dem, wie ich mich selbst wahrnehme. Ein wesentlicher Aspekt dabei ist die öffentliche Entdeckung. Alle Augen scheinen auf uns zu starren, und am liebsten würden wir im Erdboden verschwinden. Wir wünschen uns weg aus dem Bannkreis unserer Richter oder einfach nur derer, die uns mit ihrer Anwesenheit beschämen.

Es stellt sich die zweite Frage: Nach welchen Kriterien wird hier gewertet? Sind das realitätsgerechte Kriterien oder Verzerrungen und irrationale Erwartungen, wenn wir uns ständig sagen: „Ich muss von allen geliebt und anerkannt werden", „Ich muss Glanzleistungen bringen", „Ich muss Erfolg haben", „Ich werde nur geachtet, wenn ich perfekt bin". Der Inhalt dieser Aussagen wird von dem Idealbild – so wie ich gern sein möchte – wesentlich beeinflusst. Waren es ursprünglich Elterngestalten, die unser Wunschbild prägten, indem sie uns und wir sie idealisiert haben, so werden diese Ideale im Laufe der Entwicklung zum Leitbild eigenen Verhaltens und zu eigenen inneren Erwartungen. Je unrealistischer die Erwartungen der Eltern – vor allem die unausgesprochenen – und je mehr sie die emotionale Welt des Kindes verleugnen, desto größer wird die Diskrepanz zwischen dem „idealen Kind" und dem „realen Kind". Diese unrealistischen Erwartungen werden dann an anderen Menschen, Vorgesetzten oder am Publikum festgemacht. Ablesbar an der typischen Frage: Was denken die anderen von mir?

Idealisierungen können zu Höchstleistungen anspornen. Sie können aber auch blockierend wirken, wenn Eltern ihr Kind mit idealisierten Erwartungen überfordern und damit den Boden für ständige Enttäuschungen und Angst vor Entwertung bereiten. Als Leitsatz gilt: Je größer die Spannung zwischen dem, wie ich sein möchte und der Wahrnehmung dessen, was und wie ich bin, desto größer die Angst vor Bloßstellung und Abwertung.

Sucht nach Anerkennung

Konflikte, die sich auf das eigene Idealbild und das „Größen-selbst" beziehen, sind erkennbar daran, dass sie globalen Charakter besitzen. Dies hängt damit zusammen, dass sie aus einer frühkindlichen Entwicklungsstufe – der Säuglings-zeit – stammen, die von globalen Affekten, Wünschen und Bildern gezeichnet war. Der Psychoanalytiker Heinz Kohut beschreibt das Größenselbst als Fixierung auf eine archaische Stufe des Selbst, wo sich das Kind erlebt, als könne es in magischer Weise die Welt beherrschen – eine Periode der Illusion unbegrenzter Allmacht. Normalerweise hält dieser Überschwang nicht an, denn mit beginnender Reife ist das Kind in der Lage, Begrenzungen anzuerkennen, so dass das Größenselbst in ein mehr oder weniger realitätsnahes Selbst-wertgefühl übergeht. Ist diese Integration misslungen, ent-steht der Nährboden für Größenfantasien, die Gier nach Be-wunderung und das schier bodenlose Gefühl, eine „Null" zu sein, wenn diese ausbleibt. Fast in jedem Menschen schlum-mert bis zu einem gewissen Grad eine Portion „Größen-selbst", die aber, getragen von einem relativ stabilen Ich-Ge-fühl, lediglich zu mehr oder weniger ausgeprägten Selbst-wertschwankungen führt. In der Fachsprache nennt man sie auch „narzisstische Kränkungen". Gefährlicher und verfüh-rerischer ist die Macht von Größenfantasien, bekannt als „Starallüren", wie wir sie aus der Welt des Sports, des Thea-ters oder des Films kennen. Solange diese Stars von den Me-dien hofiert und hochgejubelt werden, strahlen sie im Glanz unserer projizierten Träume und Wünsche. Bleibt die Bestäti-gung aus, so können oft gerade die leuchtendsten Sterne vom Himmel fallen, wie uns das so manche Geschichte bekannter Stars zeigt, auf denen manchmal die Hoffnung ganzer Natio-nen lagen.

Lampenfieber wird vom Größenselbst genährt in Form intensiver Ansprüche an Perfektion. Im günstigen Fall können diese als Schrittmacher von Höchsterfolgen dienen, im ungünstigen Fall durch ihre übersteigerten Forderungen erreichbare Ziele verhindern. Übertriebene Ansprüche des Größenselbst wirken sich bei Auftritten blockierend aus, weil sie jede Selbstdarstellung mit gnadenloser Kritik verfolgen. Diese erbarmungslose Selbstentwertung wie auch ihr Gegenteil – die Überschätzung mancher Leistungsmenschen, die glauben, auf Grund ihrer Erfolge einen Anspruch auf Sonderbehandlung zu haben – wurzeln beide in eigenen Größenvorstellungen. Man braucht nur hinter die Bühne kurz vor einer Aufführung zu blicken, um das Drama von Grandiosität und Selbstentwertung im Zeitraffer zu verfolgen. Fast möchte man sie auf die Bühne schieben, weil manche derart paralysiert sind vor Angst, als stünde ihr Leben auf dem Spiel. Symbolisch gesehen tut es das auch, denn je ausgeprägter die Identifikation mit dem Größenselbst, desto lebensnotwendiger wird der Applaus von außen und die damit einhergehende Angst vor dem Selbstverlust, falls er ausbleibt.

Wir alle brauchen Resonanz und Beachtung. Gefährlich wird es, wenn dieses Bedürfnis zur Abhängigkeit wird. Gesellt sich eine Neigung zum Rivalisieren hinzu, so erhöht sich die Empfindlichkeit für eigene Unzulänglichkeiten ins Uferlose. Für die Ausbildung eines gesunden Selbstwertgefühls kommt es auf ein mitfühlendes Eingehen auf die eigenen Bedürfnisse nach Beachtung an. Wenn wir wissen, dass und wie viel Beachtung wir brauchen, dann sind die Chancen groß, dass wir effektiver werden in dem, was wir tun. Der Auftretende, der weiß, wie viel Beachtung er braucht und wie viel er bekommt, ist weniger geleitet von der Angst vor einem Verlust an Zuwendung und Anerkennung. Er kann sein Auftreten freier von seinem Hunger nach Beachtung steuern und kann besser damit leben, wenn er einmal ausbleibt. Zur Lösung aus der Abhängigkeit von Beachtung soll folgender Leitsatz von Idries Shah beitragen: „Studiert, wie ihr Beachtung auf euch zieht, schenkt, aufnehmt und austauscht."

Im Blick der anderen

Die Grundlage für die Fähigkeit, einen Platz zu erobern, sich zu zeigen und auszudrücken ist der Glanz in den Augen liebevoller Bezugspersonen. Denn hier beginnt unsere Bühnengeschichte. Es macht einen großen Unterschied, ob ich mit wohlwollenden Blicken aufgewachsen bin und gelernt habe, dass ich Spielraum habe; oder ob meine expressiven Gehversuche auf kalte Blicke, Gleichgültigkeit oder besserwisserische Übergriffe trafen.

Werden schon sehr früh ab- oder entwertende Szenen und Atmosphären eingeprägt, so fällt es schwer, ein einigermaßen positives Selbstbild und Selbstgefühl zu entwickeln. „Gebranntes Kind scheut das Feuer", heißt es im Volksmund. Man wird verletzlich, misstrauisch, oder man panzert sich durch Aggressivität, Körpermasse oder schnippischen Rückzug. Häufen sich solche entwertenden Szenen während der Schulzeit und in der Gruppe der Gleichaltrigen, so sind die Weichen gestellt für eine nachteilige Entfaltung des Selbstausdrucks. Es kommt zu Konflikten im Bereich des Wahrnehmens und Wahrgenommenwerdens. Erwartungen und Realität stimmen nicht überein, man beginnt der eigenen Wahrnehmung und dem eigenen Ausdruck zu misstrauen. Sieg wie Niederlage, Macht wie Ohnmacht, geliebt werden wie ungeliebt sein, Wert wie Entwertung – dies wird auf den ersten Bühnen unseres Lebens erprobt und erlernt. Sämtliche erlebte Szenen, Blickdialoge, Resonanzen sinken in den Hintergrund des Gedächtnisses und wirken von da aus in die Gegenwart. Konstelliert sich im Hier und Jetzt eine ähnliche Szene, so werden alte Szenen wieder nach oben getragen und aktualisiert. Diese Verknüpfung und Vergegenwärtigung vergangener Szenen mit neuen Szenen schafft das, was wir als die „eigene Geschichte" erleben. So entsteht Kontinuität und Verhaltenssicherheit, aber eben auch die Gefahr des Fixiertseins auf alte Lösungen, wenn man sich der Wirkung alter Muster nicht bewusst wird und sie ständig wiederholt, obwohl die Gegenwart nach neuen angemesseneren Lösungen verlangt.

Im Lampenfieber kondensieren sich also nicht nur aktuelle Ängste, sondern auch vergangene Atmosphären. Alte Szenen fließen bewusst oder unbewusst in die neue Situation mit ein. So ist jeder Auftritt zwar neu, aber niemals ganz neu. Panikartiges Lampenfieber lässt darauf schließen, dass aus den Archiven des Leibes frühe Angst- und Entwertungserfahrungen hochgeschwemmt werden, die das beobachtende Ich überwältigen. Hier spielt die Lebenskarriere – die Karriere des Scheiterns und des Gelingens – eine entscheidende Rolle. Im überflutenden Lampenfieber verdichtet sich die Geschichte erfahrener Entwertungen, denn jeder Auftritt konfrontiert einen mit dem Thema innerer und äußerer Bewertungen. Allerdings müssen diese Ängste nicht immer das Ergebnis persönlicher Erfahrungen sein. Es kann sich auch um die Erfahrungen anderer handeln, bei denen ich als Beobachter teilhatte. Manchen genügt es schon, Zeuge zu sein, wie Freunde oder Geschwister von den Eltern oder Lehrern wiederholt lächerlich gemacht oder entwertet wurden, um massive Ängste auszulösen. Das Sich-Identifizieren und Miterleben kann genauso wirksam sein, wie das eigene Erleben. Den Begriff „Angstauslöser" müssen wir also weiter fassen, denn selbst ein stellvertretendes Erleben kann bereits zum Angstauslöser werden.

Lampenfieber bewältigen heißt demnach, dem Zwang alter Szenen und Bewertungen nicht mehr zu unterliegen. Das bedeutet zunächst, sie zu erkennen und ihren Sinn verstehen zu lernen. Für schwere Störungen des Selbsterlebens ist die Hilfe eines professionellen Therapeuten notwendig, weil es nicht nur darum geht, sich selbst zu verstehen, sondern auch darum, alte Szenen nochmals durchzuarbeiten und Verständnis und Deutung zu erfahren von einem Begleiter. Aus solchen geglückten neuen Erfahrungen können „Neuanfänge" und neue Bewertungen erwachsen.

II

Dem Lampenfieber
auf die Spur kommen

Emotionale Differenzierungsarbeit

Wenn Sie entschlossen sind, Ihr Lampenfieber verstehen zu lernen, dann werfen Sie einen Blick darauf, wie Sie negative Urteile, Bewertungen und Erfahrungen von früher in die Gegenwart transportieren. Das nennt man in der Psychotherapie „emotionale Differenzierungsarbeit". Sie setzt voraus, dass ich zunächst einmal bejahe, dass in meinem gegenwärtigen Auftreten Vergangenes fortwirkt. Es gilt, bereit zu sein, hinzuschauen und sich für das Phänomen Lampenfieber zu sensibilisieren. Da jeder Auftritt spezifisch ist – das heißt: zu verschiedenen Zeiten, an verschiedenen Orten habe ich unterschiedliche Reaktionen – geht es darum, ein Verständnis für das Lampenfieber in dieser Situation zu entwickeln. Viele Betroffene sind nämlich gerade deswegen Opfer ihres Lampenfiebers, weil sie es wegschieben und nicht hinschauen wollen. Spurensuche ist notwendig, um die verschiedenen Muster, Konturen und Einflüsse zu verstehen. Da gibt es hilfreiche Fragen, die man meist erst aus dem Nachhall eines Auftritts beantworten kann. „Wo war etwas, das aus einer alten Situation in diese neue Situation hineinkam?" „Woher kenne ich diese Gefühle?" „Was drückt mein Körper aus?" „Wie klingen meine Selbstgespräche, bevor ich auftrete?" „Welche inneren Stimmen werden besonders laut?"

Wenn Sie einmal darauf achten, werden Sie merken, dass Sie sich vor oder während eines Auftritts besonders intensiv mit sich selbst unterhalten. Solange diese Selbstgespräche nützlich sind, sprechen wir von positiven inneren Stimmen oder von inneren Beiständen. Doch gibt es unter Stress auch andere Stimmen, die es sich offenbar zur Aufgabe gemacht haben, uns sämtliche negativen Erfahrungen unter die Nase zu reiben. Meist geschieht das so schnell, dass wir nur ihre Auswirkungen spüren. Wir fühlen uns schlecht, ängstlich und nehmen uns zurück.

Deshalb gilt es, diese negativen Stimmen sozusagen in flagranti zu erwischen. Ein Anzeichen, dass sie gerade agieren, sind unsere Gefühle. Wenn Sie sich also unsicher, ängstlich, unwohl oder einfach schlecht fühlen, überlegen Sie: Was habe ich gerade gedacht? Sicher werden Sie auf ein paar für Sie typische Sätze stoßen: „Ich habe sowieso nichts zu sagen." „Meine Stimme klingt mal wieder wie ein Anrufbeantworter." „Alle anderen sehen viel besser aus." „Ich fühle mich zu dick." „Ich bin total durch den Wind." „Ich weiß, dass es schief gehen wird." „Bloß nicht rot werden!" „Hier interessiert sich keiner für mich." „Mein Outfit ist völlig daneben."

Solche Annahmen haben die Macht, uns zu schwächen und klein zu machen. Es sei denn, Sie bieten diesen „Selbstwerträubern" entschieden die Stirn und halten ihnen ein schlagendes Argument entgegen. Angenommen, Sie denken, es wird schief gehen. Normalerweise hätten Sie das womöglich geglaubt. Nun setzen Sie eine neue Betrachtungsweise dagegen: „Ich weiß, dass es nicht notwendig schief gehen muss, das Gegenteil habe ich oft genug erlebt. Außerdem wird die Welt nicht untergehen, wenn ich etwas Falsches sage, oder rot werde. Diese kleinen Schwächen machen mich sogar liebenswert."

Sie merken, dass Sie diesen negativen Stimmen nicht hilflos ausgeliefert sind. Vielmehr können Sie ihnen etwas entgegensetzen, was für Sie persönlich stimmig ist. Das heißt, Sie können mit diesen Stimmen kommunizieren, indem Sie herausfinden, was für Sie am wirkungsvollsten ist. Statt vorformulierten positiven Glaubenssätzen wählen Sie lieber eigene Sätze, die Ihnen entsprechen.

Voraussetzung dafür ist eine Grundhaltung interessierter Neugier gegenüber dem, was da aus dem Inneren aufsteigt. Sie ist offen für das, was sich zeigen möchte. Interessierte Neugier hat auch mit Achtsamkeit zu tun. Wir horchen aufmerksam nach innen, kommen uns selbst auf die Spur. Das ist der erste Schritt, eingefahrenen Gedankenmustern eine neue Richtung zu geben. Wir sind mit dem Potential ausgestattet, uns selbst zu erkennen, wenn wir unsere Wahrnehmungsgabe und unsere Fähigkeit, nachzudenken, für uns selbst einsetzen, statt uns zu bekämpfen.

Die inneren Stimmen erkennen

Lampenfieber kann man nicht abschaffen, aber man kann lernen, damit umzugehen. Es ist weder möglich noch wünschenswert, es zum Verstummen zu bringen, denn Lampenfieber ist ein wertvoller Begleiter, der unseren Körper mit Energie, Intensität und Spannung für den Auftritt vorbereitet. Um einen Auftritt überhaupt durchzustehen, ist ein Mindestmaß an Spannung sogar notwendig. Jemand, der völlig entspannt auftritt – also völlig ohne Spannung – würde kaum Begeisterung, Energie und Intensität ausstrahlen. Denn das sind die drei Eigenschaften, die notwendig sind, um ein Publikum zu fesseln. Wenn wir uns zeigen, brauchen wir ein gewisses Energieniveau. Wir wollen unsere Botschaft so vermitteln, dass wir nicht langweilen, sondern anregen, bereichern und anstecken. Das Publikum hat Vorbereitung, Zeit und Weg investiert, und erwartet daher auch einen Wert an Unterhaltung, Bereicherung, Information oder Anregung. Es würde sich nicht respektiert fühlen, wenn wir uns gleichgültig oder bloß mechanisch funktionierend präsentieren. Insofern könnte man sagen, dass das Publikum ein Recht darauf hat, dass wir uns emotional engagieren und etwas riskieren.

Wenn wir uns zugestehen, dass Lampenfieber einen Wert hat, sowohl für uns selbst wie auch für den Zuhörer, kann es zu einem Stimulans werden, das uns unserem Erfolg näher bringt. Statt dagegen zu kämpfen und es zu verdrängen sollten wir versuchen, es zu akzeptieren und lernen, damit zu leben. Die Einstellung dafür lässt sich auf einen kurzen Nenner bringen: Kommen lassen.

Das Akzeptieren des Lampenfiebers ist der erste Schritt zur Versöhnung mit uns selbst. Dazu gehört das Kennenlernen der inneren Stimmen, die uns das Leben schwer machen. Am einfachsten ist es, wenn man diesen inneren

Stimmen eine Gestalt gibt. So ist es leichter, Kontakt mit ihnen aufzunehmen, sie direkt anzusprechen und mit ihnen zu verhandeln.

Für das Lampenfieber sind vor allem drei innere Stimmen zuständig: der innere Kritiker, der innere Zweifler und der Angsthase.

Der innere Kritiker

Diese Stimme spielt eine klassische Rolle im Drama der Angst. Oft lasse ich meine Klienten diesen Kritiker malen. Meist ergibt sich dabei ein streng aussehendes, schmallippiges, asketisches Ungetüm mit erhobenem Zeigefinger. Er weiß, was geschehen wird – nämlich das Schlimmste. Sein Interesse gilt unseren Fehlern, Schwächen und Unzulänglichkeiten. „Schon wieder ein verunglückter Satz", „So ein blöder Fehler", „Du kapierst es nie", „Wie kannst du nur", „So kannst du dich nicht vor die Leute wagen", „Stell dich nicht so blöd an", „Das gibt die reine Katastrophe".

Wachsam und mit strengem Blick verfolgt er unser Tun und spart nicht mit Tadel. Seine Wortwahl ist auch nicht gerade zimperlich und bedient sich gern abschätziger, abwertender Adjektive wie „unmöglich", „dumm", „blöd", „katastrophal". Sein Ton ist belehrend.

Hand in Hand mit dem Kritiker tritt häufig eine verwandte Figur auf: „der Perfektionist". Auch er möchte, dass wir makel- und fehlerlos auftreten. Er gibt uns sogar Hoffnung und Ansporn: „Wenn du dich noch mehr anstrengen würdest", „Das ist noch nicht gut genug", „Das muss noch besser werden", „Du solltest jeden Tag üben", „Du solltest früher aufstehen", „Konzentrier dich", „Reiß dich zusammen", „Hast du auch alles bedacht?". Das Vokabular des Perfektionisten ist kontrollierend, rigide, misstrauisch und absolut. Er weiß, wie und was zu tun ist, und er spricht meist im Befehlston „Du musst", „Du solltest". In den Imaginationen meiner Klienten trägt er meist eine Peitsche, mit der er dem Kritiker in die Hand arbeitet. Sein Zuckerbrot, mit dem er den Kritiker gewinnt, ist die Belohnung mit einem perfekten, tadellosen Auftritt.

Solange sich der Kritiker und der Perfektionist zu gesunden Zielen der Leistungsverbesserung und Selbstdisziplin verbünden, erscheinen sie als wertvolle, nützliche Begleiter, die uns helfen, uns weiter zu entwickeln und an uns zu arbeiten. Verbünden sie sich hingegen zu unrealistischen, unerreichbaren Forderungen, wie „Ich muss um jeden Preis gewinnen", „Ich muss der/die Erste sein", „Ich muss spitze sein", „Ich muss eine Glanzleistung bringen", so entsteht der Nährboden für Zwanghaftigkeit, übersteigerten Ehrgeiz, Druck, Selbstdestruktivität und Enttäuschung. Wenn der Perfektionist die Oberhand gewinnt, hängt die geheime Messlatte im Innern, die das Erreichte definiert, zu hoch. Das Selbstwertgefühl leidet, es kommt zu Selbsteinschätzungen, die Außenstehende oft in Erstaunen versetzen.

Perfektion, die sich an unmenschlichen Maßstäben orientiert, macht starr und führt automatisch zur Selbstüberforderung. Außerdem ist sie gefährlich, weil sie von einer Illusion abhängig macht: „Nur wenn ich perfekt auftrete, bin ich ein wertvoller Mensch."

Wenn der Perfektionist ans Ruder kommt, wird auch eine andere innere Figur aktiviert – der Zweifler. Er ist daran zu erkennen, dass er ständig Fragen stellt, die uns verunsichern.

Der innere Zweifler

Er äußert sich durch Skepsis: „Werde ich es schaffen?", „Habe ich mir nicht zu viel vorgenommen?", „Was ist, wenn ...?", „Ist es nicht zu schwierig?". Hauptmerkmale des Zweiflers sind Ungewissheit und Verunsicherung. Je näher der Auftritt rückt, desto aktiver wird er. „Oh Schreck, nur noch ein Tag!", „Bist du sicher, dass Leute kommen?", „Bist du sicher, dass du es schaffen wirst?". Der Zweifler beruft sich auf Vorsicht und Vernunft und lebt vor allem in der Zukunft. Gewinnt er die Führung, so gesellt sich gern eine andere Figur hinzu – „der Feigling". Im ersten Moment scheint er zu unseren Verbündeten zu gehören, denn er empfiehlt: „Sag doch einfach ab!" „Du hast dir einfach zuviel zugemutet!", „Es wird sowieso nicht auffallen, wenn du nicht mitmachst!", „Lass dich doch einfach vertreten!", „Wie wäre es mit krank werden?", „Das Auto könnte doch nicht anspringen!". Diese Empfehlungen sind aber nicht das, was wir brauchen. Denn dem Zweifler entkommen wir nur durch mehr Sicherheit und Ermutigung.

In der Tat gibt es eine verwandte Stimme, die uns Hilfe verheißt – das ist „der Dogmatiker". Er weiß, was richtig ist und wo es langgeht. Seine Antworten und Ratschläge werden häufig begleitet von der Vorstellung eines Gurus oder Lehrers, der mit ernster Miene mahnt: „Was du brauchst, ist einfach mehr Disziplin!" „Denk doch positiv!" „Lass dich nicht ablenken!" „Du solltest gesünder essen!" „Du solltest täglich meditieren!" „Du musst mehr Sport treiben!" Die Lösungsvorschläge des Dogmatikers scheinen vernünftiger als die des feigen Zweiflers, aber sie sind ebenso wenig hilfreich, da sie unsere Unsicherheiten nicht ernst nehmen. Dogmatische Ratschläge stiften eher noch mehr Verwirrung. Wer kennt nicht den bekannten Knoten im Gehirn, wenn uns jemand zwingt: „Konzentrier dich!" oder „Denk doch an das Gute!" Diese Imperative verunmöglichen sich selbst, da sie etwas einfordern, was sich nicht fordern lässt. Wir verhindern geradezu Konzentration, wenn wir uns darauf versteifen, konzentrierter zu sein. Ein typisches Beispiel für diese Art von Knoten ist die berühmte Gedächtnislücke. Je mehr wir uns anstrengen, uns zu erinnern, desto fester wird der Knoten im Gedächtnis. Je mehr wir uns anstrengen, alles richtig zu machen, desto größer wird die Gefahr der Verkrampfung mit dem Ergebnis, dass wir erst recht Fehler machen. Knoten lassen sich nicht lösen durch Befehle, Anspannung oder vermehrte Anstrengung, sondern ganz schlicht – indem wir loslassen und somit gelassen werden. Plötzlich taucht das Vergessene, Gesuchte wie von selbst auf. Wir finden unseren Faden wieder.

Der Angsthase

Eine meiner Klientinnen malte ihren Angsthasen als kleines, wimmerndes Mädchen, eine andere spielte ihn mit herzzerreißenden Tönen auf einer Kindergeige. Ähnlich hilflos hört sich seine Stimme auch an. Gerade in dieser Hilflosigkeit liegt seine Macht. Der Angsthase liefert uns Entschuldigungen für das Gefühl von Unzulänglichkeit und Passivität. Er verleitet uns dazu, uns hinter Leid und Schwäche zu verstecken, denn seine häufigste Reaktion ist der Rückzug. Seine Devise könnte lauten: Lieber leiden, statt lösen!

Es gibt keine wirksamere Art und Weise, auf der Stelle zu treten, als sich klein und hilflos zu machen. So kann man Aufgaben vermeiden und Verantwortungen aus dem Weg gehen. Vielleicht gibt es jemanden, der hilfreich einspringt? Vielleicht macht es jemand anderes für mich?

Diese innere Stimme ist verführerisch, weil sie hinter ihrem Mitleid heischenden „Ich kann nicht", „Ich weiß nicht", „Ich mag nicht", „Mir geht es so schlecht", „Ich bin zu unbegabt", eine ganze Litanei von Antworten parat hat: „weil es zu anstrengend ist", „weil die anderen …", „weil ich schon früher …", „weil ich keine Zeit habe", „weil ich zu langweilig bin". Der Angsthase ist auch nicht frei von Neidgefühlen, denn die anderen haben es sowieso leichter, besser, einfacher: „wenn ich solche Eltern gehabt hätte", „wenn man mich mehr unterstützt hätte", „wenn ich so attraktiv wäre", „wenn ich so viel Zeit hätte". Letztlich will der Angsthase erreichen, dass wir schwach und abhängig bleiben, den Umständen die Schuld geben und uns aus der Affäre ziehen.

Es gibt einen Verbündeten, der mit dem Angsthasen Mitleid hat – „der Beschützer". Der Beschützer hat immer gute Argumente zur Hand, warum wir unseren Verpflichtungen nicht nachkommen können, weshalb wir etwas aufschieben sollten oder uns entziehen dürfen. Er beschützt den Angsthasen mit Ausflüchten, die Mitleid vortäuschen: „Gönn dir erst mal eine Pause", „Warte ab, vielleicht erledigt es sich von selbst", „Iss erst mal etwas", „Vielleicht schreibt mir jemand ein Attest", „Vielleicht merkt es ja niemand". Das Problem mit dieser inneren Stimme ist, dass sie uns schwächt, obwohl sie sich fürsorglich gibt. Sie dreht die Dinge so, dass wir statt durch die Angst hindurchzugehen, in die Angst hineingehen. Sie bestätigt unsere scheinbare Unzulänglichkeit. Die Folge: wir erreichen nicht das, was wir eigentlich könnten. Wenn wir dieser Stimme erliegen, kann es passieren, dass wir gänzlich unvorbereitet vor einem Auftritt stehen, und dann gibt es niemanden, der uns schützt, denn jetzt helfen keine Ausflüchte mehr. Wir realisieren dann, dass sich unser sogenannter Beschützer als Verführer entpuppt.

Scheinmanöver gegen die Auftrittsangst

Es gibt hilfreiche Maßnahmen, und es gibt Scheinmanöver beim Umgang mit Lampenfieber. Auf den ersten Blick unterscheiden sie sich oft nur geringfügig voneinander – in ihren Auswirkungen aber umso mehr. Hilfreiche Strategien wollen Veränderung und Weiterentwicklung. Scheinmanöver hingegen sind an Sicherheit orientiert. Sie sorgen dafür, dass der Status quo aufrecht erhalten wird. Sie sind nicht immer leicht aufzudecken, weil ihre Taktiken von außen gesehen oft nicht als solche identifizierbar sind.

Eine beliebte Taktik ist die „Wenn ich nur - Taktik". „Wenn ich nur mehr Zeit gehabt hätte, diese Rede vorzubereiten", „Wenn ich nur nicht so viele Verpflichtungen hätte", „Wenn ich mich nur besser konzentrieren könnte", „Wenn ich nur besser geschlafen hätte", „Wenn ich nur nicht so ausgiebig gefeiert hätte". Natürlich ist es für die Selbstachtung dienlich, den Umständen, den Sachzwängen oder einem besonderen Pech die Schuld zuzuschieben. Die Folge ist aber, dass Auftrittsprobleme dadurch schwer analysierbar und bearbeitbar werden. Die Taktik ist raffiniert; da wir nach Entschuldigungen, Erklärungen und Ausflüchten suchen, bringen wir die anderen dazu, uns zu schonen, nicht zu viel von uns zu erwarten und uns milde zu beurteilen. Wenn wir uns prophylaktisch entschuldigen, kommen wir dem kritischen Urteil der anderen zuvor und machen uns unangreifbar. Die unausgesprochen vermittelte Hoffnung, dass wir das nächste Mal besser vorbereitet sind, ist bei dieser Taktik stets inbegriffen. Da solche Versprechen nicht immer einlösbar sind, greift man zur nächsten Entschuldigung. Und so entsteht ein Teufelskreis. Unangenehme Folgen werden zwar kurzzeitig vermieden, auf lange Sicht ist es jedoch wesentlich effizienter, selbst Verantwortung zu übernehmen und zu sagen: „Ich bin selbst verantwortlich für mein Handeln."

Eine andere Facette dieser Taktik, die uns mitunter sogar Bewunderung einbringen kann, ist das Argument der ungünstigen Bedingungen. Wie auch immer die verschiedenen Entschuldigungen lauten mögen (das Wetter, der Zeitpunkt, die Akustik, der Raum, das Publikum, die kurze Vorbereitungszeit), immer sind es äußere Bedingungen, die verhindern, dass wir unser Bestes geben. Wie gut wären wir erst, wenn wir optimale Bedingungen gehabt hätten! Solche Erklärungen vermitteln den Eindruck, dass wir ja noch viel mehr bieten könnten, wenn nur ...

Zweierlei wird mit dieser Taktik bewirkt: Man gibt uns mildernde Umstände und erwartet nicht zu viel von uns. Außerdem entsteht der Eindruck, dass wir viel besser sind, als wir es gerade zeigen konnten. Und wir schonen uns selbst und vertrösten uns auf eine unbestimmte Zukunft.

Wenn wir uns selbst klein machen, schwächen wir uns dadurch. Lieber kritisieren wir uns selbst, bevor andere auf die Idee kommen. Wenn wir uns gegen uns wenden, verunsichern wir die anderen. Sie wissen nicht, ob sie auf Distanz gehen sollen, oder die Dosis ihrer Komplimente erhöhen sollten. Indem wir das Lob anderer durch überzogene Selbstkritik entkräften, bringen wir uns um Beachtung. Gleichzeitig halten wir ein Wunschbild von uns aufrecht, von unseren Begabungen und dem, wozu wir eigentlich fähig wären.

Der Ausweg aus den Scheinmanövern klingt einfach, denn er hat etwas mit Schlichtheit zu tun. Wir kommen weiter, wenn wir uns zu dem bekennen, wie wir heute sind, was uns heute möglich war. Denn mehr gibt es nicht. Wir müssen nicht besser und auch nicht schlechter sein, als wir sind. Sich einzugestehen – egal wie das Ergebnis des Bemühens ausfällt – dass dies das Beste unter den gegebenen Umständen war, und dass eben nicht mehr möglich war, heißt auch, sich kennen zu lernen und sich zu versöhnen mit den eigenen Möglichkeiten, Grenzen und Verletzlichkeiten.

Sich selbst Fallen stellen

Oft haben wir nur eine vage Vorstellung davon, wie wir uns selbst im Wege stehen. Wir spüren nur, dass wir unter unserer Leistungskapazität bleiben und uns selbst blockieren. Wie tun wir das?

Eine Spielart ist die Selbstironie. Nichts fürchten wir mehr als das Lachen der anderen. Also kommen wir ihnen zuvor, indem wir uns über uns selbst lustig machen. Dahinter liegt zwar die Hoffnung, potentielle Katastrophen abwehren zu können, aber meist zitieren wir sie gerade dadurch herbei. Hier ein paar Beispiele für solche „Bumerang-Effekte": „Wetten, dass ich rot werde!" „Wenn alles glatt geht, ist der erste Fehler nicht weit!" „Es wäre doch gelacht, wenn ich nicht irgendetwas vergessen würde!" „Es wäre doch wieder typisch für mich, dass ich nicht weiter weiß!" „Was wäre ein Auftritt ohne Blamage?" „Schon meine Großmutter hat gesagt: ‚Schuster bleib bei deinen Leisten'!"

Für Zeugen mögen solche Selbstgespräche vielleicht witzig klingen. Leider bewirkt diese Art von Spott genau das, was wir am meisten befürchten. Wir stolpern wirklich an der besagten Stelle, der Angstschweiß bricht tatsächlich aus, weil wir uns darauf programmiert haben. Unser Unterbewusstes speichert unsere Zynismen und negativen Prophezeiungen und nimmt sie für bare Münze. Ironie, Zynismus und negative Selbstzuschreibungen verhindern den Fluss unserer Energie. Je mehr wir uns selbst abwerten, desto größer wird der Abstand zwischen unserem Ich, das erfolgreich sein möchte, und den Gegenkräften, die uns bremsen. Im Gegensatz zum Humor, der befreiend wirkt, haben diese Formen negativen Humors etwas mit Selbstverachtung zu tun und sind fehl am Platz, wenn wir uns mit unseren Ängsten auseinandersetzen wollen.

Eine weitere Falle hängt mit der Vorbereitung eines Auftritts zusammen. Wir lenken uns selbst ab, wenn wir unseren

Terminkalender gerade in der Zeit vor einem Auftritt voll-packen. Wir meinen zwar, wir seien aktiv, aber eben mit den falschen Dingen. Es fehlt an der nötigen Konzentration, das schlechte Gewissen meldet sich und man wird verwundbarer, weil man sich nicht sicher fühlt. Aus gutem Grund können wir nicht unser Bestes geben. Wir haben zwar alles Mögliche erledigt, aber wir haben uns auch zerstreut. So kann sich die Vorfreude nicht einstellen.

Das Gegenteil davon ist weniger anstrengend, aber verfüh-rerischer. Es heißt „Mañana" oder die „Kunst des Verschie-bens". Irgendetwas hält uns immer zurück und wir haben viele gute Argumente, warum wir unserer Vorbereitung nicht nachkommen können. Wir schieben unsere Arbeit auf die lan-ge Bank, verzetteln uns, indem wir Zeit haben für Zeitschrif-ten, Anrufe, Putzen, Kochen oder Einkaufsbummel, kurzum: für alles nur nicht für unsere Vorbereitung. Bis der Termin plötzlich naht und uns klar wird, dass wir es kaum noch schaf-fen. Ein Grund dafür kann sein, dass man passiven Wider-stand leistet, weil man sich die Aufgabe nicht zu eigen ge-macht hat. Man fühlt sich gezwungen, fremdbestimmt, aus-geliefert, weil man sich in der Opferrolle wähnt: „Ich muss auftreten", „Ich soll eine Ansprache halten", „Man hat mich zum Sprecher verdonnert". Die Lösung hieße, das Ereignis als selbst gewünschtes und aktiv gestaltetes zu betrachten; dann erübrigt sich der passive Widerstand und die Angst reduziert sich, weil wir nun mit aktiver Haltung auftreten.

Das chronische Aufschieben kann aber auch mit Selbst-mitleid zusammenhängen: „Warum immer ich?" „Nie habe ich Zeit für Dinge, die mir Spaß machen!" Oft kommt auch noch die Stimme der Faulheit dazu, die uns einflüstert: „So clever, wie du bist, wirst du das auch noch im letzten Moment schaffen!" „Unter Druck arbeitest du sowieso am besten."

Meist hängt das Aufschieben mit unserem inneren Zweif-ler und seinem Begleiter, dem Perfektionisten, zusammen. Die

Angst, den eigenen Ansprüchen nicht zu genügen, lässt uns das Risiko gar nicht erst eingehen. Selbst die Angst vor dem Erfolg, so paradox das klingen mag, kann zum Hindernis werden. Wenn wir schaffen, was wir uns oder andere uns nicht zugetraut haben, hieße das ja, dass wir unsere Meinung über uns selbst ändern müssten. Und das kann Angst machen. Womöglich riskieren wir die Zuwendung derer, die uns wenig zutrauen oder die wollen, dass wir uns nicht weiterentwickeln. Wenn wir das Aufschieben praktizieren und deshalb unter unseren Möglichkeiten bleiben, sorgen wir dafür, dass genau das eintritt, wovor wir uns fürchten – dass sie Recht haben könnten, dass wir wenig können und uns auch nicht viel zutrauen.

Beta-Blocker – Ausweg aus dem Dilemma?

Es ist ein Novum unserer Zeit, dass wir die Möglichkeit haben, Lampenfieber auf chemischem Weg zu beeinflussen. In den späten 70er Jahren begann man vor allem in den USA über den Einsatz von Beta-Blockern zur Lampenfieberbehandlung öffentlich zu sprechen. Bis dahin war ihr Einsatz eher ein Tabu und dem privaten Gebrauch vorbehalten. Mittlerweile ist der Gebrauch von Beta-Blockern genügend bekannt, akzeptiert und erforscht.

Wie wirken diese Beta-Blocker? Sie reduzieren die Ausschüttung des Stresshormons Adrenalin und regulieren den Herzschlag. Deshalb gelten sie als das Herzmittel der Wahl. Die körperlichen Symptome des Lampenfiebers werden gedämpft, die Feinmotorik ist nicht beeinträchtigt und das Denken wird nicht verlangsamt, wie das bei Tranquilizern der Fall ist.

Auch wenn die seelisch-geistigen Komponenten des Lampenfiebers durch Beta-Blocker nicht angegangen werden können, so werden doch die oft sehr beeinträchtigenden, körperlichen Folgen des Lampenfiebers neutralisiert. Es kann also nicht darum gehen, Beta-Blocker per se zu verteufeln, sondern zu fragen: wer, wann, wie und in welchem Kontext? Kurzum: es geht um eine persönliche Entscheidung, die jeder am besten in Absprache mit seinem Arzt zu treffen hat. Wenn man begriffen hat, dass Beta-Blocker gründliche Auftrittsvorbereitung nicht ersetzen, dann werden sie zu dem, was sie sind: Medizinische Hilfsmittel, die die körperlichen Auswirkungen des Lampenfiebers modifizieren.

Beta-Blocker sind kein Indiz für Charakterschwäche, sondern Medikamente, die einer ärztlichen Indikation bedürfen, so dass die Wahl und die Dosierung auf den Einzelnen abgestimmt werden können. Gefährlich wird es, wenn die Pillen unter der Hand weiter gereicht werden (wie z.B. die Musikerdroge Inderal) ohne Rücksicht auf die individuellen Bedürfnisse. Es ist eine Frage der Abwägung der Mittel, ob man sich auf ein Medikament einlässt, oder ob man der gezielten Beeinflussung der eigenen Körperchemie Vertrauen schenkt. Das hängt von der persönlichen Verletzbarkeit, der Geschichte des Scheiterns und Gelingens und der Angstdisposition ab. Hier hat jeder selbst zu beurteilen, wofür er sich entscheiden möchte.

Für diejenigen, die nach „gesunden" Alternativen zu Beta-Blockern suchen, möchte ich zwei meiner Hausrezepte für Notfälle verraten.

Man mische in einem kleinen Trinkglas:

2 Esslöffel Buerlecithin (am besten den ohne Alkohol)
2 Esslöffel Sanddornsaft
1 Teelöffel Zitronensaft (oder alternativ 2 Tropfen reines – nicht synthetisches – Zitronenöl

Der Trank wirkt leistungssteigernd. Er beruhigt und schmeckt besser als jede Pille. Für viele Bekannte und Freunde habe ich dieses Rezept schon gemischt – es wirkt.

Ein anderes Mittel, das schon vielen geholfen hat:

Drei ungespritzte Zitronen und eine Orange in Scheiben schneiden und in einem Liter Wasser kurz aufkochen. Vom Herd nehmen und zehn Minuten ziehen lassen. Durchseihen und mit zwei Esslöffeln Honig mischen.

Dreimal täglich ein Likörglas voll davon trinken, am besten schon drei Tage vor einem Auftritt, damit sich die Wirkung voll entfalten kann. Das Mittel klingt harmlos, wirkt aber in zweifacher Weise: es beruhigt und steigert die Leistungsfähigkeit. Probieren Sie es!

Die eigenen Gefühle kennen lernen

Wenn wir mit unseren inneren Stimmen, die unser Denken beeinflussen, vertraut sind, gilt es nun herauszufinden, wie unsere Gefühle mitspielen. Die innere Landschaft der Gefühle ist für den Auftretenden verwirrend, zumal Gefühle die Macht haben, unser beobachtendes Ich außer Gefecht zu setzen.

Gefühle drücken unsere Betroffenheit, unsere innere Beteiligung aus. Sie zeigen, dass uns unser Auftritt etwas bedeutet und wichtig ist. Unsere Beziehung zu einem Auftritt wäre qualitativ eine ganz andere, wenn wir keine Gefühle hätten. Wir wären wie ein perfekt schnurrender Automat, der weder Spannung noch Überraschung bietet. Gefühle sind sinnvoll und notwendig für einen Auftritt. Es geht lediglich darum, wie wir mit ihnen leben und umgehen, ohne uns überwältigen oder blockieren zu lassen.

Lautete die Einstellung zu unseren inneren Stimmen: Kommen lassen, so heißt die Einstellung zu unseren Gefühlen: Sein lassen.

Angst

Eine prominente Stellung unter den Lampenfiebergefühlen nimmt die Angst ein. Im Gegensatz etwa zum Schmerz, der sich meist auf eine bestimmte Stelle konzentriert, ist Angst ein Totalgefühl. Wer Angst hat, der hat sie von Kopf bis Fuß. Er hat sie nach innen und nach außen. Angst beherrscht den ganzen Menschen. Sie kann sich als Ruhelosigkeit, Gereiztheit, Spannung, Unlust, Unsicherheit mit den typischen Begleiterscheinungen wie Schwitzen, Frieren, Taubheit, Druck im Brustraum oder Magen, Stuhl- oder Harndrang äußern.

Erinnern wir uns kurz an das Gefühl kurz vor einem Auftritt: „Nichts wie weg hier!". Der Fluchtinstinkt ist aber gehemmt, weil die Situation und unser Rollenbewusstsein uns daran hindern. Wir gehen also weiter, stehen am Rednerpult, atmen tief durch und wagen den Sprung ins kalte Wasser. Plötzlich taucht ein neues Gefühl auf: „Ich stelle mich". Ein Gefühl von Entschlossenheit und Mut. In der anfänglichen Angst wird nicht nur signalisiert „Achtung!", sondern zugleich eine Reaktion eingeleitet, die auf eine Bewältigung der Situation abzielt.

Hier wird die fundamentale Polarität von Gefühlen deutlich. Aus Enge wird Weite. Oder anders gesagt: aus Angst ist Mut geworden. Die Angst wird zur Front, die Nervosität zur Entschlossenheit – in uns werden Grenzen überschritten. Diese Perspektive gibt der Angst eine progressive Dimension. Wo Angst ist, wächst Mut und aus Mut entsteht Vertrauen, wenn wir erleben, dass uns nichts Schlimmes passiert. Das ist der übliche Weg der Angsttherapie, der darauf abzielt, dass wir in die Angst hineingehen, um so unserem Gehirn die Botschaft zu vermitteln: „Es ist nichts passiert!"

Wie können wir lernen, uns das Vertrauen schon vor einem Ereignis zum Verbündeten zu machen? Vertrauen lässt sich nicht verordnen, es entsteht aus der Gewissheit, dass wir unserer Vorbereitung für einen Auftritt trauen können. Haben wir unser Bestmögliches an Vorbereitung geleistet, können wir getrost den Rest, der nicht kontrollierbar ist, dem Glück, dem Schicksal oder den guten Kräften überlassen. Denn letztlich ist jeder geglückte Auftritt nicht nur das Resultat sorgfältiger Vorarbeit, sondern auch ein Stück Gnade oder Geschenk.

Anders sieht es natürlich aus, wenn wir ungenügend vorbereitet sind. Dann spreche ich von adaptiver, angemessener Angst, die berechtigt ist. Ebenso wie das Vertrauen nach dem Motto: „Es wird schon irgendwie" blind ist, weil es nicht hinschaut und verharmlost.

Die Voraussetzung, um sich mit der Angst auseinanderzusetzen, ist eine angemessene Vorbereitung. Dann können wir die Angst annehmen als Botschaft einer inneren Grenzsituation, die uns dazu auffordert, weiterzugehen. Durch die Angst zu gehen, heißt sie zu bejahen und das Abenteuer zu wagen, selbst errichtete Barrieren zu überwinden.

Eine dieser Barrieren existiert beispielsweise zwischen uns und dem Publikum. Diese Angst speist sich vorrangig aus der Vorstellung, dass es eine Front zwischen Auftretendem und Publikum gibt. Man fühlt sich getrennt und isoliert. Daher auch der Wunsch, sich verstecken zu wollen. Der Cellist Gerhard Mantel gab die Anregung, sich einen Auftritt als System vorzustellen, das Interaktion erzeugt. Verschiebt sich der Blickwinkel weg von der Konfrontation hin zur Kommunikation, so entstehen Resonanz und Rückkoppelung. Man ist nicht mehr allein, sondern verbunden. Es entsteht etwas Gemeinsames. Das ist der Nährboden, der die Angst zum Schwinden bringt.

Gute Kommunikation braucht Selbstwahrnehmung: Wie verhindere ich den Kontakt zum Publikum? Durch meine Stimme? Meine Körperhaltung? Meine Gestik oder Mimik? Ein Beispiel dazu: Eine Studentin hatte große Angst, dass ihre Hörerschaft entdecken könnte, dass ihre Hände zittern. Ich bat sie, das Händezittern vor der Trainingsgruppe zu verstärken. Zu ihrer Überraschung entdeckte sie, dass sie plötzlich nicht mehr zittern konnte. Die Erlaubnis zu zittern verwandelte ihre Angstenergie in ein lebendiges Sprechen. Sie bemerkte, dass ihr Zittern vor allem daher rührte, dass sie sich verstecken wollte. Die Lösung lag also nicht darin, das Zittern zu kontrollieren, sondern mit den Hörern Kontakt aufzunehmen und zu kommunizieren.

Die Angst zu versagen, ist wohl die am häufigsten beklagte Angst. Nicht immer müssen vergangene Fehlschläge verantwortlich sein, auch vergangene Erfolge können die Ursache sein. Denn mit jedem Erfolg ändert sich die eigene Selbstbewertung und die Ansprüche an sich selbst steigen.

Erfolgreich sein heißt: Erweiterung des Selbstkonzeptes, mehr Verantwortung, mehr im Blickpunkt stehen und mehr Erwartungen gerecht werden. Nicht nur die Ansprüche der anderen, sondern auch die eigenen Ansprüche wachsen. Je höher die Ansprüche, desto größer auch die Gefahr des Versagens.

Für Menschen mit Versagensangst ist es bezeichnend, dass ihr innerer Kritiker einen stark entwertenden Einfluss ausübt. Die Selbstbeobachtung des Kritikers wird zugleich auch als Beobachtetsein vom Publikum fantasiert. Man fühlt sich den Blicken ausgesetzt, die meist ebenso kritisch und abwertend vorgestellt werden wie die eigenen inneren Augen. Weil man sich ständig mit den Augen der anderen sieht, verliert man den Bezug zur eigenen Sicht und Spontaneität. In der Fachsprache nennt man diesen Vorgang „Projektion". Ein typisches Beispiel, wie Menschen ihre eigenen Entwertungen auf das Publikum projizieren, klingt häufig so: „Sie könnten herausfinden, dass ich nicht gut genug bin" und heißt übersetzt: „Ich habe Angst vor meinen selbstentwertenden Impulsen, die mich als ungenügend abstempeln."

Der Weg heraus aus diesen Projektionen heißt immer: sie sich selbst wieder aneignen. Was heißt das? Projektionen lassen sich auflösen, wenn wir die Eigenschaften oder Verhaltensweisen, die uns an anderen stören, probeweise auf uns selbst anwenden und prüfen, was zutrifft. Der Prüfling, der sich beklagt: „Die Prüfer sind besonders streng", sollte sich in den Satz einfühlen: „Ich bin besonders streng." Indem wir uns zu eigen machen, was wir bei anderen befürchten oder ablehnen, erhalten wir Schlüssel für die eigenen verschlossenen Türen. Wenn wir Abwertungen nicht mehr an anderen festmachen, beginnen wir eigene Persönlichkeitsanteile zurückzuerobern. Der Feind sitzt nicht mehr außen, sondern in uns selbst. Da lohnt es sich hinzuschauen.

Der Angst vor dem Versagen können wir ins Auge sehen, wenn wir realisieren, dass „die anderen" lediglich Projektionen unserer eigenen selbstentwertenden Tendenzen sind. Der Angst vor dem Erfolg können wir begegnen, wenn wir bereit sind, unser bisheriges Selbstkonzept zu erweitern, Neues zu wagen und offen zu bleiben für Entdeckungen. Nach der Devise: Fange niemals an, aufzuhören und höre niemals auf, anzufangen!

Scham

Scham wurde in der Literatur zum Lampenfieber bisher kaum beleuchtet. Der Grund dafür mag in der Komplexität von Scham liegen. Scham hat nämlich viele Facetten und Gesichter, sie tritt auf als Schüchternheit, Minderwertigkeitskomplex, Hemmung oder Ungeschicklichkeit. Beim Lampenfieber begegnet uns eine Schamvariante, die subjektiv als Angst erlebt wird. „Scham-Angst" ist die Angst vor möglichen Schamerlebnissen oder beschämenden Situationen, die selbstverschuldet sind: durch Versagen oder weil man sich zu weit nach vorn gewagt, zu sehr exponiert hat. Wenn wir uns exponieren, tauchen Fragen auf: „Wie stehe ich vor den anderen da?" „Welches Ansehen genieße ich?" „Wie werde ich bewertet?" Das sind die Kernfragen, um die sich die Scham-Angst dreht. Je sicherer sich jemand fühlt, desto unabhängiger ist er vom Urteil anderer. Zweifelt er hingegen an seinem Selbstwert, so erhält die Wertschätzung von außen lebenswichtige Bedeutung. Schon kleinste Signale der Gleichgültigkeit oder vermeintlichen Ablehnung werden als Scheitern erlebt. Ein Rascheln im Publikum, jemand der grimmig schaut oder den Raum verlässt – alles wird auf die eigene Person bezogen.

„Am schlimmsten ist für mich dieses Schweigen, wenn mir niemand sagt, ob ich gut war. Da stelle ich mich plötzlich total in Frage und ziehe mich zurück." So die Aussage einer Referentin, die treffend wiedergibt, wie ein Mangel an Selbstvertrauen und Selbstwertgefühl zur Brutstätte für Scham werden kann. Schamgefühle sind also nicht nur davon abhängig wie uns andere bewerten, sondern auch von unserer Selbsteinschätzung.

Wenn wir uns exponieren, geben wir immer ein Stück von uns selbst preis, sogar wenn wir ein Werk, ein Bild oder ein Schriftstück offenbaren. Immer stellen wir auch uns selbst dar, wir können uns nicht entziehen oder verstecken. Interessant ist die etymologische Wurzel des Begriffs „Scham", der ursprünglich „zudecken", „verschleiern" oder „verbergen" bedeutete. Der Wunsch, sich zu verbergen ist somit auch wortgeschichtlich untrennbar mit der Scham verbunden.

Wenn wir uns zeigen, droht immer auch die Gefahr der Bloßstellung, die Anteile unserer Person ans Licht bringt, die uns peinlich sind. Meist handelt es sich dabei um verletzliche, empfindliche Aspekte unseres Selbst, deren Entblößung wir besonders fürchten. Das kann ein Lapsus, ein Patzer sein, der Einblick in unsere „schwache Stelle" gewährt. Das kann sich aber auch generell auf die Diskrepanz beziehen zwischen dem, wie wir gesehen werden wollen und dem, wie wir uns zeigen. Da die (vermeintliche) Blamage öffentlich geschieht, generalisiert sich die Scham – alle Augen scheinen auf uns zu starren, alle könnten uns auslachen oder abschätzig beurteilen.

Scham weist auf einen Konflikt hin. Einerseits wollen wir uns zeigen und beeindrucken, gleichermaßen ist uns diese Zeigelust peinlich. Das Verhältnis zum Publikum ist von diesem Konflikt betroffen – einerseits der Wunsch „Hört mal alle her!", andererseits die Furcht, dass dieses Bedürfnis durchschaubar wird. Je mehr wir dieses Bedürfnis abwehren, desto größer wird die Angst. Schaut man sich diese Mischung aus Zeigelust und Scham näher an, so kann darin aber auch ein gewisser Reiz liegen. Die meisten, die nicht gerade erfolgsroutiniert sind, reagieren ambivalent: einerseits mit Zeichen von Verlegenheit, andererseits mit Genugtuung und Freude – Scham verbindet sich mit Lust.

Scham ist natürlich, weil sie unsere Schwäche verhüllen will und damit unsere Identität schützt. Man könnte sie mit einem Seismographen vergleichen, der anzeigt, wie weit wir uns zeigen dürfen. Zwingen wir uns, die Scham zu überwinden, begeben wir uns aus der Reichweite ihres Schutzes und sind sozusagen „selbst schuld", wenn wir uns zu weit nach vorn gewagt haben. In der Scham regt sich ein ernst zu nehmendes Gefühl, denn es könnte sich ja auch um reale Unzulänglichkeiten handeln, an denen wir noch arbeiten müssen, bevor wir uns anderen zeigen. Scham ist also nicht nur Beschützerin unserer Identität, sie kann auch Wegweiser sein für Selbsterkenntnis, die uns voranbringt. Lernen wir, in uns hineinzuhorchen, stellen wir fest, dass es eine innere Stimme der Scham gibt, die uns darauf hinweist, wann, wie und ob es „für uns stimmt". Sein eigenes Maß kann jeder nur für sich selbst herausfinden. Scham, wie auch Angst, können Verbündete für uns werden, wenn wir bereit sind, ihre Botschaften anzunehmen und sie für uns nutzbar zu machen.

Ärger und Wut

Was haben Ärger und Wut mit Lampenfieber zu tun? In der Tat spielen sie eine wichtige Rolle, vor allem wenn es uns nicht gelingt, die oft unrealistischen Forderungen und Erwartungen unseres inneren Kritikers zu erfüllen. Erwartungen nicht gerecht zu werden, ängstigt nicht nur, es macht auch wütend. Wir sind auch wütend, dass wir uns überhaupt ängstigen, obwohl wir unseren Auftritt herbei sehnen. Je weiter unser innerer Richter seine Erwartungen nach oben schraubt, desto hilfloser fühlen wir uns: „Ich schaffe es ja sowieso nicht!" „Ich habe keine Chance, also wozu der Aufwand!" Solche Aggressionen können als eine Art Angstprophylaxe dienen. Wenn wir wütend sind, dann bleibt unser innerer Angsthase in seinem Versteck.

Ein weiterer Auslöser von Wut ist Kontrolle. Ist das Auftrittsideal die totale Kontrolle oder Perfektion, dann sind Enttäuschung und Wut vorprogrammiert. Wenn wir öffentlich auftreten, sind wir oft Situationen ausgesetzt, die sich unserer Kontrolle entziehen. Es gibt unangenehme Räumlichkeiten, störende Klimaanlagen, akustische Unwägbarkeiten, unvorhersehbare technische Probleme, Menschen, die unser Distanzbedürfnis nicht respektieren. Nähern wir uns diesen Hindernissen mit dem Anspruch totaler Kontrolle, so werden wir enttäuscht. Die Wut darüber lässt sich nach außen abführen, aber viele richten die Wut gegen sich selbst. Das führt zu Selbstvorwürfen „Hätte ich doch besser geplant", „Warum passiert das ausgerechnet mir?" „Hätte ich mich doch besser vorbereitet". Die Folge davon ist Selbstverurteilung. Die verurteilende Stimme sagt: „Bei mir geht immer etwas schief!" „Unglaublich, dass ich das nicht hinkriege". Urteile schüchtern ein und provozieren Wut. Gegen Urteile kommen wir nicht an. Sie sind wie Unkraut, das wir abschneiden. Es wächst noch üppiger nach. Wir können nicht sagen: „Ich kriege nichts hin", ohne eine Woge von Gefühlen zu wecken, die wir mit Unmöglichsein, Wertlossein assoziieren. Es sind diese Gefühle auf die wir mit Wut reagieren.

Wie gehen wir am besten mit Ärger und Wut um? Verbannen können wir sie nicht. Im Gegenteil. Ihr Auftreten weist auf einen Konflikt oder eine Gefährdung hin und sollte beachtet und ernst genommen werden. Wir besinnen uns auf die eigenen Grenzen, und schützen sie vor Überforderung und Übergriffen. Die durch Wut bereitgestellte Energie wendet Angst und das Gefühl von Hilflosigkeit ab. Nicht zuletzt lenken diese aggressiven Emotionen unsere Aufmerksamkeit auf das zu lösende Problem. Statt „Mensch ärgere dich nicht", sollte es also heißen: „Mensch ärgere dich – aber mit Bewusstheit". Bewusstheit ist eine Art interessierte und gelassene Aufmerksamkeit, mit der wir uns wahrnehmen, ohne uns in eine bestimmte Richtung zu zwingen. Sie ändert unsere Einstellung, weil sie eine bestimmte Distanz zur Wut herstellt. Wir sind nicht mehr Opfer der Wut, sondern beobachten sie aus einer exzentrischen Perspektive.

Wichtig erscheint mir, dass wir unsere Wut anerkennen, sie begrüßen („da bist du wieder") und ihr gestatten, sich zum Ausdruck zu bringen. Zumindest können wir damit verhindern, dass die Wut von uns Besitz ergreift und uns beherrscht. Meistens merken wir dann, dass unter der Wut ein ganz anderes Gefühl existiert – nämlich Mitgefühl. Wir kennen dieses Gefühl, weil wir es oft nach einer Auseinandersetzung mit einem Nächsten erleben, dem Partner, den Kindern oder einem engen Freund – es ist, als würde sich plötzlich eine Trennwand auflösen. Dann können wir uns wieder mit liebevollen Augen anschauen.

Verwirrung

Häufig kündigt sich Lampenfieber mit einem Gefühl von Verwirrung an. Wir fühlen uns unsicher, kleinlaut, beklommen und wissen nicht, was sich da in unserem Innern abspielt. Spätestens wenn wir das Gefühl von Bienenschwärmen im Kopf haben und nicht mehr klar denken können, hat sich die Verwirrung eingenistet. Ihr Haus ist der Kopf. Wir sind zerstreut, benebelt und nehmen nicht mehr wahr, was im Körper vor sich geht, weil sämtliche Energie in den Kopf gewandert ist.

Verwirrung ist ein diffuses, weites Gefühl. Ihre Gegenspieler sind Konzentration und Klarheit. Wir überwinden die Verwirrung ganz ähnlich wie die Angst: Indem wir uns gestatten, die Verwirrung anzunehmen und sie in innere Bilder zu verwandeln. Wenn wir Verwirrung als innere Bilder, Gestalten, Farben oder Gottheiten visualisieren, kommen wir in einen Zustand der inneren Ruhe. Dieser Zustand hat den Vorteil, dass sich eine Klarheit einstellt, die wir auch Bewusstheit nennen könnten. Aus diesen inneren Bildern entstehen Eingebungen und Ideen, auf die wir sonst nicht gekommen wären. Manche sehen dabei einen großen, wilden Vogel, ein Polyp oder ein Riesentier oder eine verschleierte Göttin, mit der sie in einen Dialog treten. Es geht also nicht um Strategien oder Lösungen, sondern wir regulieren uns selbst, indem wir Antworten in unserem Inneren finden. Wir können der Verwirrung einen Namen geben, ein Symbol für das Gefühl finden, oder mit ihr sprechen: „Da bist du wieder. Was ist los? Was möchtest du mir mitteilen?", um herauszufinden, was sie von uns will. Wir können sie sogar übertreiben und noch verwirrter werden, um deutlicher zu erfahren, welchem Zweck sie dient.

Indem wir unsere Aufmerksamkeit auf die Verwirrung lenken und mit ihr vertraut werden, geschieht das, was in der Fachsprache „fokussieren" genannt wird, nämlich eine gezielte Ausrichtung unserer Wahrnehmung auf einen Brennpunkt. Damit tritt das Gegenteil von Verwirrung ein – an die Stelle von diffusem, chaotischem Denken rücken Konzentration und gezielte Ausrichtung der Wahrnehmung. Vergleichbar ist solch ein Prozess mit einer Bakterienschwemme im Körper, deren Herd wir plötzlich entdecken. Durch Konzentration geschieht Einengung und als Folge davon, Klarheit und Prägnanz.

Verwirrung kann aufgelöst werden, indem wir sie bewusst wahrnehmen. So erhält sie Konturen. Die Stücke und Fragmente fügen sich zusammen zu einem Bild mit verschiedenen Teilen. Das können Hoffnungen, Erinnerungen oder Zweifel sein, die wir nicht bewerten, sondern einfach das sein lassen, was sie sind.

Gier

Das Verwechseln von Erfolg mit Erfüllung ist eine der Hauptquellen des Lampenfiebers. Für viele ist Erfolg ein bestimmtes Ziel, das es um jeden Preis zu erreichen gilt. Die Einengung von Erfolg auf materiellen Reichtum, weit gereist zu sein, beliebt zu sein, ist eine Sichtweise, die Gier erzeugt, weil sie uns die Illusion vermittelt, dass alles machbar sei und man linear von Erfolg zu Erfolg fortschreitet. Das Gegenteil ist der Fall: Die Suche nach Erfüllung und Wachstum lässt uns den Erfolg als Nebenprodukt zufallen.

Das Bedürfnis nach Erfüllung unterscheidet sich grundlegend vom Hunger nach Erfolg. Erfüllung ist nicht abhängig von Erfolg, und Erfolg ist auch nicht immer mit Erfüllung verbunden. Oft setzt der Hunger nach Erfolg dann ein, wenn wir unsere Bedürfnisse nach Erfüllung vernachlässigen. An die Stelle von Erfüllung tritt dann die Gier nach Anerkennung.

Natürlich sind wir alle bis zu einem gewissen Grad von Anerkennung abhängig. Was wir geworden sind, verdanken wir der Beachtung und der Verbundenheit mit anderen. Wir können nicht ohne die Bestätigung von außen leben. Die anderen spielen beim Aufbau unseres Selbstwertgefühls eine wesentliche Rolle. Nur – wer sind die anderen? Alle? Das ganze Publikum? Der Wunsch, allen zu gefallen, von allen anerkannt und gemocht zu werden, führt in eine Sackgasse, weil er abhängig macht. Aufschlussreich ist, dass wir im normalen Alltag sehr wohl unterscheiden können, wer uns wichtig ist und wer nicht, wem wir gefallen wollen, oder wen wir erreichen wollen. Auf der Bühne scheint diese Unterscheidungsfähigkeit zu schwinden. Alle sollen beeindruckt oder begeistert sein. Und gerade dieser Wunsch vermindert unsere Kapazitäten und macht eng. Es ist ein Paradox – wer bei allen gut ankommen will, reduziert seine Chancen, bei vielen gut anzukommen. Die Frage: Bin ich gut genug? ist ein regelrechter Trigger für Unsicherheit. Hinter der Unsicherheit lauert die Angst. Man wird defensiv und kämpft gegen das Gefühl, dem Publikum nicht gewachsen zu sein.

Wenn wir auftreten, um zu gefallen, suchen wir etwas anderes als Befriedigung und Erfüllung. Letztlich verwechseln wir ein Nebenprodukt mit der zu leistenden Aufgabe. Es macht einen großen Unterschied, ob wir etwas außerhalb der eigentlichen Aufgabe Liegendes verfolgen, oder ob wir unser Wissen und Können mit anderen teilen und mit ihnen eine Verbindung eingehen.

Wenn wir lernen und wachsen wollen, statt zu „beweisen", ist die Unterscheidung „was ich mir wünsche" und „was ich für mein Leben brauche" ein sinnvoller Wegweiser. Wünsche folgen häufig dem Diktat unserer Widerstände gegen Wachstum. Für jemanden, der sich am wohlsten im stillen Kämmerlein fühlt, wäre „was ich mir wünsche" – „am liebsten allein sein", was er aber bräuchte, um zu wachsen, wäre wahrscheinlich das Einüben von Selbstsicherheit unter Menschen. „Was ich brauche" ist eher der Weg des Lernens. Wenn wir diesem Wegweiser folgen, geht es um das, was uns weiter bringt. Davon weiß jeder, der vor der Angst des Sich-Zeigens nicht kapituliert hat, und dabei erlebt hat, wie neues Selbstvertrauen wachsen kann.

Folgen wir dem Wegweiser „was ich brauche", so lässt sich der Hunger nach Erfolg leicht entlarven, weil wir mehr nach innen horchen und dabei entdecken, dass die Sehnsucht nach Erfüllung mehr als Applaus braucht. Den eigenen Gefühlen wird mehr Bedeutung beigemessen. Das „Nicht-mehr-gefallen-müssen" setzt Energien frei. Wer es nicht mehr jedem recht machen muss, kommt auf eigene Gedanken.

Was wir uns vorstellen, was wir anstreben, was wir erwarten, all dies teilt sich auch nach außen mit. Nicht nur auf uns selbst, auch auf das Publikum wirkt sich unsere Einstellung aus. Das Gute daran: auch das Publikum spürt, wenn wir Freude und Engagement ausstrahlen, weil wir von einer Sache erfüllt sind. Und außerdem: der Grad an Erfüllung, den man innerlich erfährt, ist das Ergebnis davon, wie man mit sich selbst kommuniziert.

Unsere inneren Verbündeten

Stellen Sie sich vor, in Ihrem Gehirn befinden sich zwei Bänke. Auf der einen sitzen die strengen Richter und auf der anderen sitzen Ihre Verbündeten. Mit diesen Verbündeten oder hilfreichen Begleitern wollen wir uns jetzt beschäftigen. Sie gründen in positiven Erfahrungen unserer Vergangenheit, in Szenen, die uns ermutigt, getröstet und gestärkt haben. Wir verinnerlichen ja nicht nur die Schattenseiten zwischenmenschlichen Austauschs, sondern gleichermaßen auch die Sonnenseiten. Unsere inneren Ressourcen geraten uns häufig aus dem Blick, weil wir sie für selbstverständlich halten und weil wir nicht gelernt haben, wie wir diese nährenden, stützenden Qualitäten für uns selbst einsetzen können.

Im Umgang mit Lampenfieber spielen die Stimmen der inneren Verbündeten eine entscheidende Rolle. Drei Stimmen gilt es zu kennen: den inneren Mentor, die Stimme des Vertrauens und die Stimme der Neugier.

Der innere Mentor

Diese innere Stimme ist wohlwollend. Sie ist unser Freund und Berater. Unser Mentor kennt unsere Stärken und Schwächen und will uns fördern. Im Gegensatz zum inneren Kritiker bietet er Wertschätzung und Unterstützung, vor allem wenn wir vor Entscheidungen stehen, Rat brauchen und Beistand suchen. Im Unterschied zum Perfektionisten orientiert er sich an dem, was möglich ist, das heißt an Zielen, die realistisch und erreichbar sind. Er weiß, dass jeder Schritt auf ein Ziel hin bereits ein Gelingen ist. Sein Wissen beruht auf Erfahrungen, die wir im Laufe des Lebens gesammelt haben und auf Selbsteinschätzung. Das heißt, auf dem Verständnis unserer Möglichkeiten und Begrenzungen. Auf ihn können wir bauen, wenn wir an uns arbeiten und nach Wegen suchen, uns zu verbessern und weiterzukommen. Seine Ratschläge sind von Wohlwollen und Wertschätzung geprägt. Er appelliert an unsere Ressourcen: „Was hat dir in ähnlichen Situationen geholfen?", „Auf was kannst du zurückgreifen?". Zu den Strategien des Mentors gehören Ermutigung, Einfühlung und Sorgfalt. Sein Umgang mit Lampenfieber lässt sich in drei Punkten zusammenfassen: Konzentration auf das Hier und Jetzt, Entspannung des Geistes und der Weisheit des Körpers folgen. Diese Einstellung ist das Gegenteil zur perfektionistischen, ängstlichen und entwertenden Haltung.

Unser innerer Mentor ist ein wertvoller Begleiter, wenn wir Ziele verfolgen, die uns weiterbringen. Er berät bei der Frage: Was will ich? und holt uns aus unseren Träumen, die meist mit „Ich würde gern" beginnen. Gerade auf der Bühne ist unser Mentor wichtig, da er uns an unsere Gestaltungsspielräume erinnert. Denn hier ist es hilfreich, zu wissen, was wir erreichen wollen, wie wir die Situation gestalten wollen, was es heißt, in eigener, gestaltender Haltung aufzutreten, statt in passiver Opferhaltung.

Besonders für zwei Arten von Problemen ist unser innerer Mentor zuständig. Die erste ist die Unkenntnis über Wege, die zu bestimmten Lösungen führen. Die zweite sind unsere inneren Barrieren, die uns daran hindern, ein Problem zu lösen. Statt zu fragen: „Wie werde ich mein Lampenfieber los?" können wir mit Hilfe unseres Mentors herausfinden, welche Widerstände uns abhalten, gelassen und selbstsicher vor einem Publikum zu stehen. Wenn wir unsere Widerstände akzeptieren und ihren Wert erkennen, werden sie uns bewusst und damit veränderbar. Der Gestalttherapeut Fritz Perls verglich das Problem des Widerstandes mit dem Anspannen eines Muskels. Wenn wir spüren, wie wir ihn anspannen, können wir auch lernen, ihn zu entspannen. Statt dem Lampenfieber den Kampf anzusagen, hilft uns unser Mentor dabei, zu erkennen, was wir tun, um uns zu blockieren. Und dadurch verändert es sich, weil wir nicht mehr Opfer sind.

Die Stimme des Vertrauens

Der Satz Goethes „Was Du ererbt von Deinen Vätern, erwirb es, um es zu besitzen" hat gerade im Hinblick auf das Vertrauen in uns selbst wichtige Bedeutung. Besagt er doch, dass wir erst einmal Vertrauen aufbauen müssen, um verfügen zu können. Das Lampenfieber hängt vom Vertrauen ab, das wir in die eigene Fähigkeit haben, einen Auftritt zu meistern. Dieser Faktor bestimmt auch, wie gut unsere Vorbereitung sein muss. Unser Auftritt braucht demnach eine gründliche Vorbereitung, um auf soliden Säulen zu stehen. Die größte Sicherheit bringt: Üben! Es reicht nicht, wenn wir einen Vortrag ab und zu durchlesen. Es bewährt sich, wenn man ihn einem Nächsten laut vorträgt. Es hilft, den Ernstfall zu simulieren, denn schon beim Üben wird sich der Adrenalinstoß einstellen, der auch später kommen wird. Aber man lernt sich kennen, und auch, sich auf ihn einzustellen. Und vielleicht gewinnt man mit der Zeit so viel Vertrauen, dass man ihn auch ein wenig genießen kann.

Wenn Vertrauen auf soliden Säulen ruht, geschieht etwas Paradoxes: Wir müssen nicht mehr über Vertrauen nachdenken. Vertrauen öffnet das Tor zum Glauben an uns selbst. Damit ist es der Gegenpol zu unserem inneren Zweifler, der uns mit Ungewissheit und Verwirrung sabotiert. Was wir glauben, bestimmt in großem Ausmaß das, was wir können oder auch nicht können. Ein amerikanisches Sprichwort lautet: „Ob du nun glaubst, dass du es kannst, oder ob du glaubst, dass du es nicht kannst; du wirst immer recht behalten." Der Glaube an uns selbst, unsere Ziele, Träume etc. hilft uns, die gesunden Quellen in uns zu entdecken. Unser Glaube ist also nicht nur ein Kompass für unsere Ziele, er gibt uns auch die nötige Sicherheit, dass wir sie erreichen.

Der Glaube an uns selbst kann uns beflügeln und schützen. Er ist die Summe positiver Erfahrungen, die wir mit uns selbst gesammelt haben. Oft frage ich meine Klienten: „Auf was können Sie in sich vertrauen?" Meistens sind sie überrascht, wie vieles es in ihrem Leben gibt, das sie durch Schweres getragen hat. Wenn uns deutlich wird, dass wir innere Ressourcen besitzen, auf die wir bauen können, dann kommen Gelassenheit und Klarheit auf. Wir können uns selbst Vertrauen schenken, weil wir an das glauben, was uns unterstützt. Wir erreichen unsere Ziele leichter, wenn wir – sozusagen als Fixstern am Firmament – an uns selbst glauben. Dieser Glaube wirkt magnetisch, weil er unsere Energien in eine bestimmte Richtung lenkt.

Wir können trotzdem nervös werden, auch wenn wir Vertrauen in unsere Fähigkeiten haben. Aber wir sind unseren Ängsten nicht mehr schutzlos ausgeliefert, weil wir dem Glauben an uns selbst trauen können. Auch wenn die Angst uns immer wieder überfällt, können wir auf unsere innere Stimme des Vertrauens hören, die sagt: „Schritt für Schritt!"

Die Stimme der Neugier

Sie ist die schöpferische Stimme in uns, die für Freude, Humor und Abenteuer sorgt. Auf sie zu hören, heißt Selbstvertrauen gewinnen. Das ist der Gegenpol zum inneren Angsthasen. Auch sie ist an unserem Wachstum interessiert. Nur ist ihr Vorgehen anders. Sie ermutigt uns, Neues auszuprobieren, Risiken einzugehen. Sie ist voller Entdeckungsfreude und stets auf der Suche nach neuen Lösungen. Sie erlaubt uns, über ernste Themen durchaus auch humorvoll zu reden und ihr verdanken wir, dass uns bei tiefsinnigen Vorträgen immer wieder leichtsinnige Dinge in den Sinn kommen.

Die Neugier stellt Kontakt her zu unseren kindlichen Anteilen. Erinnern wir uns daran, wie wir als Kinder jeden Erwachsenen in die Tasche steckten, wenn es darum ging, Neues zu entdecken, zu untersuchen und aufzunehmen. Wir waren begeistert und fasziniert, unseren Körper kennen zu lernen, Ausdrucksmöglichkeiten zu erproben und Gegenstände zu erkunden. Diese Entdeckerfreude schlummert in uns und will gelebt werden. Auftritte profitieren von ihr, weil sie unsere Fantasie beflügelt und unsere Sinne wach macht. Die Entdeckungen, die wir mit Hilfe unserer Neugier machen, müssen nicht spektakulär sein. Eine witzige Einleitung für einen Vortrag, ein originelles Kleidungsstück oder eine bewusste Körperhaltung können durchaus genügen, größere Ausstrahlung zu gewinnen. Selbst wenn ein Teil von uns sehr konservativ ist und Veränderungen ablehnt, dann gibt es immer auch einen Gegenpol, der eine Ahnung von Bewegung hat und weitergehen will.

Es geht darum, dass wir das Auftreten mit Lustgefühlen verbinden und als Lernsituation begreifen. Neugier erweitert unseren Lebensradius. Und damit kommen wir in den Bereich, wo Angst in Mut übergehen kann. Auch wenn wir ein Kribbeln im Bauch und feuchte Hände haben, die Neugier spornt uns an und macht uns weit. Denn letztlich geht es ihr darum, dass wir unsere innere Stärke entdecken.

III

Wege aus dem Lampenfieber

Auftreten heißt gegenwärtig sein

Die entscheidende Wende bei der Bewältigung von Lampenfieber heißt: im Hier und Jetzt sein. Im Hier und Jetzt sein
heißt Da-Sein, wahrnehmen, was jetzt ist, präsent sein. Wenn
beispielsweise ein Bergsteiger oder ein Surfer nicht voll da ist,
kann es ihn das Leben kosten. Stellen Sie sich vor, Sie geraten
beim Autofahren ins Schleudern. In dem Moment sind Sie
wahrscheinlich voll da, reagieren geistesgegenwärtig, indem
Sie Ihr Fahrzeug wieder unter Kontrolle bringen. Wahrscheinlich spüren Sie keinerlei Angst, weil sie völlig beschäftigt sind
mit dem, was Sie jetzt tun. Sie haben gar keine Zeit, Angst zu
haben. Die Angst wird später kommen, wenn Sie anfangen,
darüber nachzudenken, was passiert ist, oder hätte passieren
können. Auf der Bühne ist es ähnlich. Wenn Sie nicht im
Hier und Jetzt sind, kostet es Sie zwar nicht das Leben, aber
es raubt die Konzentration und bietet der Angst Einlass. Auftreten heißt in der Gegenwart existieren.

Das wichtigste Mittel gegen Lampenfieber ist also die
absolute Präsenz. Dazu gehört auch, dass man die inneren
Dialoge und Kommentare unterbricht und ausblendet und
nur in dem ist, was man gerade vorträgt. Das ist leichter gesagt als getan. Die alten Muster stehen dagegen: Was sage
ich jetzt? Was denken die anderen? Wie reagiere ich? Was
will ich erreichen?

Achtsamkeit ist der Schlüssel zu wirklicher Bühnenprä-
senz. Schon im Wort selbst steckt „auf etwas achten", das
heißt es behüten, beschützen und wertschätzen. Wenn wir
achtsam sind, bewerten, manipulieren und analysieren wir
nicht.

Sie können es selbst erfahren, wenn Sie diesen Text weiter
lesen, aber dabei auf Ihren Atem achten. Und nun auch auf
die Bewegung Ihrer Augen, auf Ihre Sitzhaltung, auf Ihre
Stimmung. Auch können Sie das Schriftbild klar wahrneh-

men und dennoch den Sinn des Gelesenen verstehen. Was sollte dieser kleine Ausflug? Wahrscheinlich bemerken Sie, dass Sie Ihre Achtsamkeit normalerweise einschränken, viel mehr als es erforderlich ist. Vielleicht haben Sie bemerkt, dass man seine Achtsamkeit wecken kann – durch Achtsamkeit. Beim Auftreten lohnt es sich, daran zu denken, dass Sie über diese geheimnisvolle, und gleichzeitig alltägliche Gabe verfügen, die das Geheimnis jedes gelungenen Auftritts ist.

Den zweiten entscheidenden Punkt würde ich am liebsten als elftes Gebot aufstellen: Du sollst nicht kneifen. Positiv ausgedrückt: Üben Sie sich in Mut. Der Gegenpol zu Lampenfieber ist nicht Gleichgültigkeit oder Coolness, sondern Mut. Mut ist das Gegenteil von Feigheit. Wenn wir feige sind, laufen wir vor unseren Ängsten davon, wenn wir mutig sind, stellen wir uns ihnen. Man wagt etwas, das mit dem Eingehen eines Risikos zu tun hat. Man denke an die Redewendung, „allen Mut zusammennehmen". Das heißt, man überwindet sich und stellt sich der eigenen Angst. Das Auftreten beinhaltet immer ein Risiko: wir könnten uns lächerlich machen, wir könnten scheitern. Wo diese Möglichkeiten nicht existieren, gibt es auch kein Lampenfieber. Wenn wir uns trotz des Risikos stellen, geben wir uns die Chance einer Bewährung, die Chance, Mut zu beweisen. Denn Mut kann man wie einen Muskel stärken, indem man Schritte in die gewünschte Richtung unternimmt und sich dabei nicht von seinen Ängsten abhalten lässt. Der Alltag bietet genügend Möglichkeiten: sich an einer Diskussion beteiligen, seine Meinung sagen, statt zu schweigen, ein Essen organisieren, sich an Spielen beteiligen. Wichtig ist, dass Sie erkennen, dass Sie sofort damit beginnen können, Ihr Leben aktiv auszurichten. Sie müssen nicht damit warten, bis die Angst verschwunden ist. Je mutiger man seinen Alltag angeht, umso weniger Zeit und Energie will man der Vermeidung von Lampenfieber widmen.

Mut mobilisieren

Mut lässt sich mobilisieren, wenn man in die Angst hineingeht, sich ihr stellt, statt auszuweichen. Ein schönes Beispiel dafür ist Goethe, der seine Höhenangst selbst therapierte, indem er immer wieder den Turm des Straßburger Münsters bestieg, bis er eines Tages realisierte, dass seine Angst „reine Einbildung" war. Es geht also darum, in einen Dialog mit der Angst zu treten, um herauszufinden, welche Absicht das Lampenfieber verfolgt. In Anlehnung an die therapeutischen Praktiken des Neurolinguistischen Programmierens möchte ich auf eine Möglichkeit eingehen, die den Dialog mit dem Lampenfieber sucht, um in dieses Gefühl von Mut zu kommen, das man auf die Kurzformel bringen könnte: Trotzdem!

Sie begeben sich in eine innere Zwiesprache mit dem Lampenfieber. Sie fragen: „Lampenfieber, was hast du mir mitzuteilen?"

In der Regel kommt eine innere Antwort, Ahnung oder Eingebung, die Auskunft erteilt, z. B. „sie könnten herausfinden, dass ich nicht gut genug bin", oder „ich fühle mich unsicher".

Dann versuchen Sie einen Blick auf einen Ihrer inneren Verbündeten zu richten. Vielleicht taucht da eine „kreative innere Stimme" oder „der Lebenskünstler" auf. Bitten Sie ihn, sich Verhaltensweisen für Ihren Auftritt auszudenken, die hilfreich wären, z. B. „ich atme ruhig und gleichmäßig", oder „ich spüre meine innere Mitte".

Ergänzend dazu laden Sie einen Gegenspieler zum Lampenfieber ein, der für das innere Gleichgewicht sorgt. Welcher Wert könnte ein heilsames Gegengewicht darstellen? Wie wäre es zum Beispiel mit: „risikofreudiger Mut"? Lassen Sie diese Figur Ihre innere Bühne betreten, damit beide ein Team bilden können.

Vielleicht erinnern Sie sich an frühere oder andere Situationen, als er Ihnen beistand. Wie hat er Ihnen damals geholfen? Wann war er besonders stark? Was verdanken Sie ihm?

Eine andere Möglichkeit, den eigenen Mut zu mobilisieren, wäre die Vergegenwärtigung einer anderen Person, die diese Eigenschaft verkörpert. Kennen Sie jemanden, der diese Eigenschaft lebt? Sie können diese Person mental herbeirufen – entweder über das Sehen vor Ihrem inneren Auge, oder über das innere Hören – und nun lassen Sie sich von der erwünschten Qualität anstecken, indem Sie sich in diese Person vertiefen und sich vorstellen, Sie wären diese Person.

Bei diesen beiden Möglichkeiten geht es darum, dass wir unser Lampenfieber als Teil von uns identifizieren. Solange diese Identifikation bewusst und vorübergehend vollzogen wird, ist sie ein wesentlicher Vorgang der Selbsterfahrung und der Integration. Solche Imaginationen sind bewusste Wanderungen zu den Quellen unserer Gefühle. Entscheidend ist, dass diese inneren Bilder nicht gemacht werden, sondern erwartet und empfangen werden. Oft wissen diese Imaginationen besser als unser Verstand, womit wir uns auseinandersetzen sollten und womit nicht. Solche Dialoge sind eine Brücke zwischen der inneren Wirklichkeit und der äußeren Realität.

Gleichzeitig geht es aber auch um eine Grenzziehung, wissend, dass das Lampenfieber nicht alles in uns besetzt, sondern nur ein Teil von uns ist. Wir verfügen über Ressourcen, die wir oft nur wiederentdecken, wenn wir still werden und uns den inneren Bildern öffnen. Und eine der wichtigsten Ressourcen, die wir so mobilisieren können und die wir bei jedem Auftritt brauchen, ist der Mut.

Praktische Anleitungen für mehr Sicherheit beim Auftritt

Die Arbeit am Lampenfieber beginnt nicht erst auf der Bühne, sondern im Alltag. Will man die Wurzeln des Lampenfiebers angehen, so geht es zunächst um grundlegende Verhaltensweisen, um die „Arbeit an der eigenen Person". Es dürfte deutlich geworden sein, dass die Lösung der Lampenfieberproblematik nicht Optimierung von Wirkung heißt, sondern Verbesserung der Selbstwahrnehmung durch Auseinandersetzung mit dem eigenen Selbstkonzept. Damit die Auseinandersetzung mit dem Lampenfieber mehr bewirkt als nur eine Erste-Hilfe-Maßnahme – deren kurzfristiger Wert keineswegs geschmälert werden soll – müssen die Übungen aber auf eine langfristige „Selbstaufklärung" ausgerichtet werden. Die alltägliche Auseinandersetzung mit meinem Selbstkonzept ist somit nicht nur Bedingung für ein sicheres öffentliches Auftreten, sondern auch eine ganzheitliche Selbstschulung, die sich auf viele andere Bereiche des täglichen Lebens positiv auswirken kann – von der Vertiefung der Wahrnehmungsfähigkeit, der Konzentrationsfähigkeit bis hin zum Erleben von Durchlässigkeit und dem so genannten „flow", d.h. dem völligen Aufgehen in einer Aufgabe oder Tätigkeit. Ziel ist es nicht, „keine Angst mehr zu haben", sondern vielmehr die Angst bewusst zu erleben, zu prüfen, ob sie berechtigt ist, und entsprechend zu handeln. Kleine Schritte sind dabei besser als große Vorsätze.

Deswegen führe ich Sie nun in kleinen, nachvollziehbaren Schritten in einen Prozess, der Sie zunehmend mit Ihrer inneren Stärke vertraut macht. Damit Sie sich auch in wichtigen oder schwierigen Auftrittssituationen nicht mehr ausgeliefert fühlen, gehe ich von einer langfristigen Vorbereitung aus.

Die Veränderung soll in drei Schritten geschehen: zuerst „Heraus aus alten Mustern", dann „Begegnung mit der Angst", und schließlich „Zu sich selbst finden". Diese Leitlinien bilden das geistige Fundament für Ihre persönlichen Entwicklungsschritte. Es beginnt bei Ihrer inneren Entscheidung für diese Schritte. Aber auch wenn Sie sich für einen neuen Umgang mit Ihrem Lampenfieber entscheiden, wird es nicht einfach wie weggeblasen sein. Solange Sie Risiken eingehen, wird auch Angst spürbar sein. Aber Sie werden feststellen, dass das Lampenfieber seinen Schrecken verlieren kann. Sie müssen es akzeptieren und als völlig normalen „Begleiter" werten, solange Sie lebendig und aktiv sind. Die Leitlinien bzw. die drei Schritte der Veränderung werden im Folgenden kurz dargestellt:

1. Schritt: Heraus aus alten Mustern

Beschreiben Sie klar die gewünschte Veränderung. Welches persönliche Lampenfiebermuster oder welche Haltung bzw. Eigenart möchte ich bearbeiten? Werden Sie sich bewusst darüber, ob Sie einen Schritt vorwärts wagen.

2. Schritt: Begegnung mit dem Lampenfieber

Die Begegnung mit dem Lampenfieber ist wie ein Spiegel. Wir werden mit unseren Schattenseiten konfrontiert. Die Tore zu neuen Erfahrungen gehen auf, wenn wir die Angst so annehmen, wie sie ist, und darüber hinaus bereit sind, uns bewusst auf Situationen einzulassen, die bisher von der Angst besetzt waren. Wichtig dabei ist, dass Sie nur eine Sache auf einmal angehen. Oft zieht eine Veränderung auf einem bestimmten Gebiet, beispielsweise der Atmung, wie von selbst weitere günstige Veränderungen nach sich.

3. Schritt: Zu sich selbst finden

Sie beginnen sich selbst zu entdecken. Manche Situationen sind beängstigend, aber die Angst ist Ihre Angst. Sie werden ausweichen wollen, aber es gibt kein Entkommen vor sich selbst. Erst, wenn Sie zu Ihrer Angst stehen, haben Sie festen Boden gefunden, auf dem Sie wachsen und reifen können. Ihr selbst gewähltes Ziel muss klar definiert werden. Welche Eigenschaften möchte ich entwickeln und fördern? Wann, wie und wo kann ich diese Eigenschaften üben?

Langfristige Vorbereitung

Wenn ich schwerpunktmäßig mit Übungen für den Körper beginne, so wird damit die seelisch-geistige Dimension keineswegs ausgeblendet. Der Zugang über den Leib ist keine Eingrenzung. Er bedeutet vielmehr, an der Basis anzusetzen. Ein lebendiger Körper ist die Grundlage unseres Denkens, Sprechens, Fühlens und Handelns. Leib, Seele und Geist sind untrennbar miteinander verbunden. Viktor von Weizsäcker brachte diesen Zusammenhang so auf den Punkt: „Nichts Leibliches ist ohne Sinn und nichts Seelisches ohne Leib."

Ich möchte Ihnen einige grundsätzliche Übungen vorstellen, die Sie in Ihren Alltag einbauen können. Sie sollten Ihnen „in Fleisch und Blut" übergehen. Was in Fleisch und Blut übergegangen ist, beeinflusst nicht nur das eigene Wollen und Handeln, sondern auch inneres, emotionales, vegetatives Geschehen bis hin zu veränderten neuronalen Bahnungen und zur Regulierung der Funktionen von Neurotransmittern und Neuromodulatoren. Wenn es Ihnen gelingt, dieses grundlegende, langfristige Übungsprogramm für eine bestimmte Zeit jeden Tag in Ihr Leben einzubauen, dann werden Sie nicht nur eine Neubewertung Ihrer Angst, sondern auch eine spürbare innere Festigung erfahren. Sie sind dann für den nächsten öffentlichen Auftritt gewappnet.

Bei den hier aufgeführten Übungen handelt es sich nicht um einfache Rezepte nach dem „Wenn-dann-Prinzip". Vielmehr geht es um die grundlegende Stärkung der Handlungs- und Ausdrucksfähigkeit und der kreativen Selbstdarstellung. Einige Übungen werden für Sie schwerer durchzuführen sein als andere, da dabei Ihre bisherigen Denkmuster und Gewohnheiten verändert werden müssen. Geben Sie nicht auf! Wie bei jeder Übungspraxis gilt auch hier: Die Hauptsache ist, dass Sie überhaupt anfangen zu üben.

Wenn Ihnen etwas zu schwierig vorkommt, gehen Sie zu Übungen über, die Ihnen leichter fallen. Wichtig ist das Erfolgserlebnis. Es wird Sie zum Weitermachen ermutigen und dazu, sich zu gegebener Zeit an anspruchsvollere Übungen heranzuwagen.

Das Verstehen der Übungen ist nur der erste Schritt. Sie müssen praktisch erprobt und ausgeführt werden, damit sich Veränderungen einstellen und der Veränderungsprozess sich auch in Ihren neuronalen Bahnen verankern und zu positiven persönlichen Erfahrungen führen kann. Wenn das Üben zur Gewohnheit geworden ist, hilft schon das Erinnern an bestimmte Übungen bei der Aktivierung unbewusster Potentiale. Wichtig ist vor allem, dass Sie im angstfreien Zustand immer wieder üben. Als Faustregel gilt: Jede Übung, die ich mindestens einen Monat lang täglich gemacht habe, geht als Gewohnheit in meinen geistigen Besitz über, wird abrufbar. Nur durch wiederholtes Üben für mindestens einen Monat ist das neu Erlernte auch im Ernstfall verfügbar.

Den Körper spüren lernen

Achtsamkeit für die Atmung wecken

Die langfristige Vorbereitung für einen öffentlichen Auftritt beginnt an der Schnittstelle zwischen Leib und Seele: der Atmung. Was man üben kann, ist die Achtsamkeit auf den Atem: Wie stimme ich meinen Körper auf die richtige Atmung ein? Wie lassen sich Angstzustände wirksam über den Atem beeinflussen? Wie kann ich meine Gedanken über den Atem positiv beeinflussen? Und nicht vergessen: Atemübungen sind Ausatemübungen!

Sich auf den Atem konzentrieren bedeutet, das Jetzt erleben. Das ist die Grundlage für jeden Auftritt. Der Atem verankert unser Bewusstsein fest im Körper. Zunächst geht es um die Beobachtung des Atems, d.h. um die Konzentration auf den Atem. Das ist die Grundlage jeder Vorbereitung.

Achtsamkeitsübung

Konzentrieren Sie sich während des Tages immer wieder auf Ihren Atem. Am besten geschieht das in der Rückenlage. Spüren Sie, wie die Luft durch die Nasenlöcher ein- und ausströmt. Spüren Sie wie sich der Brustkorb weitet und zusammenzieht, dann legen Sie Ihre Hand auf den Bauch und spüren Sie, wie sich die Bauchdecke hebt und senkt. Es geht darum, sich das Gefühl zu vergegenwärtigen und aufrechtzuerhalten, d.h. man fühlt, wie die Luft durch die Atemlöcher steigt, man spürt wie die Brust sich weitet und der Bauch sich bewegt. Einfach wahrnehmen und nicht kontrollieren. Allein diese einfache Art der Wahrnehmung entspannt und führt die Konzentration auf den Bereich der Mitte, der für jeden Auftretenden wichtig ist, weil er zu Gleichgewicht zwischen

Kopf und Bauch führt und damit stabilisiert. Denken Sie daran: Atemübungen sind Ausatemübungen!

Atmung und Gefühle

„Erst mal tief durchatmen", ist das erste und einfachste angstlösende Mittel, das uns zur Verfügung steht. Die Atmung steht in enger Wechselwirkung zu unseren Gefühlen. Unser seelisches Befinden drückt sich unmittelbar in der Atmung aus. Regelmäßiges, langsames Atmen führt zu Entspannung. Umgekehrt führt schnelles und unregelmäßiges Atmen zu Anspannung. „Falsches" Atmen verstärkt das Lampenfieber. Ist die Atmung zu flach, wird das chemische Verhältnis von Kohlendioxyd und Sauerstoff im Blut gestört, was zu Sauerstoffarmut führt. Die Folgen sind innere Erregung, Anspannung und weiche Knie. Ist die Atmung zu heftig und hastig (Hyperventilation), kann es zu Unwohlsein bis hin zu Übelkeit und Panik kommen. Auch der stockende Atem wird sprichwörtlich mit Angst in Verbindung gebracht: nämlich wenn einem „vor Schreck der Atem stehen bleibt." Die gestörte Atmung wird häufig nicht erkannt, nur die lähmende Angst erreicht das Bewusstsein und stört wiederum die Atmung, was in einen Teufelskreis mündet.

Wie atmen Sie, wenn Sie Lampenfieber haben?

Testen Sie es: Stellen Sie sich eine spezifische Auftrittssituation vor, und beobachten Sie dabei Ihren Atem.

Atmen Sie gleichmäßig, oberflächlich, schnell, saugend, schnappend oder ruckartig?

Nehmen Sie kurze oder lange Atemzüge?

Atmen Sie mehr Luft ein als aus?

Die Atmung kann man nicht üben. Sie ist immer da, sogar im Schlaf. Was sich aber üben lässt, ist die Achtsamkeit auf den

Atem. Es gibt einen fließenden Übergang zwischen dem bewussten Atmen und dem beobachtenden Geschehenlassen. Wenn Sie kurz vor einer Rede aufgeregt sind und Ihren Atem willentlich verlangsamen, dann ist das eine aktive Handlung. Sind Sie aber ruhig und üben sich in Achtsamkeit, dann werden Sie gewahr, dass der Atem von allein fließt, ohne aktives Zutun. Dieser Schritt vom Tun zum Geschehenlassen ist letztlich Sinn und Zweck jeder Atemübung.

Vollständige Atmung

Die „vollständige Atmung" ist eines der wirksamsten Mittel, um den inneren Schwerpunkt im Körper zu finden und Ruhe und Konzentration herbeizuführen. Wichtig ist, dass die Atmung nicht manipuliert oder erzwungen wird. Es geht darum, die Atmung in der beschriebenen Weise geschehen zu lassen. Am besten üben Sie zu Beginn morgens und abends etwa drei Minuten. Mit der Zeit wird die vollständige Atmung zur selbstverständlichen Gewohnheit.

Die „vollständige Atmung" sollte im Sitzen, im Liegen und im Stehen ausgeführt werden, bis sie zur selbstverständlichen Gewohnheit geworden ist. Setzen Sie sich bequem in aufrechter Haltung auf einen Stuhl oder Hocker. Entspannen Sie den Brustkorb und die Schultern und nehmen Sie Ihre Ausatmung wahr. Anschließend atmen Sie ganz gleichmäßig durch beide Nasenlöcher in den unteren Lungenbereich, wobei sich das Zwerchfell senkt und die Bauchwand leicht vorwölbt. Benutzen Sie die Vorstellung, dass der Atem in den Oberbauch strömt. Mit der gleichen weiteren Einatmung füllen Sie die mittleren Lungenabschnitte, wobei das Brustbein vortritt und die Rippen nach außen treten. Und schließlich füllen Sie die oberen Lungenabschnitte, wobei sich der Unterleib etwas nach innen bewegt, um das Zwerchfell zu stützen. Der ganze Atemvorgang geschieht in einem Atemzug! Halten Sie dann den Atem kurz an – und die Ausatmung erfolgt von unten nach oben etwas langsamer als die Einatmung und soll zu einer kurzen Entspannung der Bauchwandmuskulatur und des Brustkorbes führen. Die Entspannung nach der Ausatmung sollte etwas länger als das Innehalten nach der Einatmung dauern.

Vierdimensionales Atmen

Eine Variante zur „vollständigen Atmung" ist das „vierdimensionale Atmen". Die Anregung zu dieser Übung verdanke ich Hilarion Petzold.

Legen Sie sich mit dem Rücken auf den Boden. Spüren Sie ihn mit der gesamten Rückenfläche. Stellen Sie sich vor, dass Sie in den Boden hineinatmen. Mit jedem Atemzug senkt sich der Körper tiefer in den Boden. Stellen Sie sich jetzt vor, dass Sie sich mit jedem Atemzug in die Breite ausdehnen. Die Flanken werden weit und immer weiter, bis Sie den Boden des Raumes in der Breite ausfüllen.

Stellen Sie sich jetzt vor, dass Sie sich mit jedem Atemzug in die Länge dehnen. Mit jedem Atemzug wird der Leib in Richtung Kopf und in Richtung Füße länger. Atmen Sie bis an die Grenzen des Raumes. Jetzt wölbt sich der Körper mit jedem Atemzug in die Höhe. Er wird größer und dehnt sich bis zur Decke hin. Der ganze Körper dehnt sich mit jedem Atemzug in alle vier Richtungen und füllt den ganzen Raum aus.

Den Atem spüren

Die Hilfe bei akutem Lampenfieber besteht darin, einen Moment innezuhalten und das Bewusstsein auf die Bewegung der Bauchdecke zu führen und den Atem zu spüren. Diese Maßnahme ist im Prinzip so einfach, dass ich immer wieder erstaunt bin, wie häufig das natürliche Atmen bei Menschen in Vergessenheit geraten ist.

Im Stehen legt man beide Hände übereinander auf die Bauchdecke. Der Atemrhythmus wird wahrgenommen. Die Hände werden langsam bis an die Beckenränder auseinander gezogen. Der Atem wird im gesamten Bauchraum gespürt. Die Hände werden noch weiter zur Seite gezogen, liegen auf den Flanken und dehnen sich nach hinten, bis sich die Fingerspitzen auf der Wirbelsäule berühren. Die Hände liegen in Höhe der Nieren und nehmen den Atem wahr. Eine Hand bleibt auf dem Rücken, während die andere Hand wieder auf den Bauch gelegt wird. Die Atemausdehnung wird im ganzen Bauchraum gespürt.

„Hör-Dich-Atmung"

Hilfreich kann bei Lampenfieber als Vorbereitung auch sein, aufmerksam seinem Atem zuzuhören (darum: „Hör-Dich-Atmung"). Mit geschlossenen Augen beginnen Sie still zu werden, sich bewusst zu werden und aufmerksam Ihrem Atem zu lauschen. Langsam beginnen Sie, den Atem zu erspüren, durch den Körper fließen zu lassen und in die einzelnen Körperpartien zu schicken. Dann lassen Sie Ihren Atem von einem beliebigen Ton begleiten. Plötzlich können Geräusche aus dem Bauch auftauchen – ein Wohlbehagen, Stimmigkeit, die Ihren ganzen Körper umfasst. Sie bekommen das Gefühl, bei sich „einzukehren", bei Ihren Gefühlen, bei Ihrem „zweiten Gehirn im Bauch", vor allem, wenn Sie es bisher gewohnt waren, Ihr Leben mit dem Kopf zu meistern.

Gähnen und Seufzen

Gähnen und Seufzen sind Varianten zur „Hör-dich-Atmung". Gähnen ist eine reflektorische Atembewegung, die zu einem Ausgleich zwischen Kohlendioxyd und Sauerstoff im Blut führt und daher körperlich entspannend wirkt. Machen Sie absichtliche Gähnversuche.

Öffnen Sie Ihren Hals durch staunendes Gähnen. Sie werden merken, wie sich Verspannungen und Engegefühle lösen. Oder seufzen Sie einmal ganz bewusst und absichtlich! Versuchen Sie, so tief und ausgiebig wie möglich zu seufzen. Lassen Sie mit Ihrem tiefen Seufzer all das aus sich heraus, was Sie belastet, bedrückt oder ängstigt. Verschaffen Sie sich Erleichterung. Das tiefe Seufzen entspannt, lockert und beruhigt.

Zwei-Phasenatmung

Die Rückkoppelung vom Körper zum Atem und von der Atmung zurück in den Körper verläuft sehr direkt, deswegen lassen sich Angstzustände am wirksamsten über den Atem beeinflussen, ganz von selbst – aus dem Selbst. Ein Angstzustand, der reaktiv den Herzschlag beschleunigt – ein Symptom, das selbst wieder Angst auslösen kann – kann durch eine sanfte Regulation des Atems ausgeglichen werden. Außerdem ist die Atmung ein vorzügliches Transportmittel, vergleichbar etwa mit einer milden Form von Hypnose, um die Gedanken zu beeinflussen: sei es, um negativen Gedanken ihre Macht zu nehmen, sei es, um positive Gedanken zu erzeugen. Diese Erfahrung können Sie in der Zwei-Phasenatmung machen.

Mit dem Einatmen wird das Lampenfieber aufgerufen, mit dem Ausatmen wird die erwünschte Veränderung herbeigerufen und benannt, also z.B.:

Einatmung – „Lampenfieber" – Pause – „schwindet" – Ausatmung

Wenn Ihnen diese Übung nach einiger Zeit selbstverständlich gelingt, kann sie erweitert werden, indem die erwünschte Eigenschaft hinzugefügt wird, z.B.

Aus Lampenfieber wird Mut.
Aus Lampenfieber wird Aufmerksamkeit.
Aus Lampenfieber wird Vorfreude.
Aus Lampenfieber wird Vertrauen.

Damit sich diese Übung in Leib und Seele einprägt, sollte sie mindestens vier Wochen lang regelmäßig praktiziert werden. Sie soll in ruhiger, entspannter Umgebung ausgeführt werden, um nach ausreichender Festigung auch in Belastungssituationen verfügbar zu sein.

Nasenatmung

Grundsätzlich gilt: Tiefes Ausatmen fördert die Entspannung. Jedes Ausatmen bringt mehr Weichheit, Wärme und Wohlgefühl. Tiefe Atemzüge hingegen verspannen eher den Hals und den Nacken. Eine weitere Ausatemübung ist das „Nasenatmen". Diese Übung wirkt „bremsend" auf das Lampenfieber – sollte es Sie später bei einem öffentlichen Auftritt plötzlich überfallen und Sie Gefahr laufen, Ihr inneres Gleichgewicht zu verlieren. Sie gehört zu Ihrer Grundausstattung immer dann, wenn Angst hochsteigen sollte.

Atmen Sie lange und ruhig ausschließlich durch die Nase. Damit vertiefen Sie die Einatmung und bewirken ein tiefes Einatemerlebnis. Die tiefe, langgezogene, ruhige Ausatmung durch die Nase löst zum einen Verspannungen, zum anderen baut sie aber bei Erschlaffung auch neue Spannung auf.

Korsettatmung

Auch die „Korsettatmung" wirkt „bremsend" auf das Lampenfieber und gehört zu Ihrer Grundausstattung, sollte die Angst hochsteigen. Auch Männer und Frauen, denen eine reale ‚Korsetterfahrung' fehlt, können sich in diese Übung hineinversetzen.

Es geht darum, durch das Anspannen der Muskeln die

Freisetzung von angsterregenden Substanzen (Noradrenalin, Adrenalin) in Ihrem Körper zu verhindern – und Sie werden automatisch ruhiger. Außerdem wird die Zwerchfellmuskulatur aktiviert, Luft gelangt mit mehr Druck zu den Stimmbändern, die Stimme trägt besser.

Spannen Sie im Sitzen oder auch im Stehen Ihre Bauchmuskeln an, als ob Sie von einem Korsett zusammengezogen würden. Spannen Sie die Bauchmuskeln am besten mit nach vorne gestreckten Händen und an die Seite gepressten Ellbogen an. Atmen Sie nun dabei mit leicht geöffnetem Mund auf ein nicht vernehmbares „sssssss" aus. Entspannen Sie dann am Ende der Ausatmungsphase und lassen den Atem wieder sanft einströmen.

Atmen im Fünfertakt

Auch die Übung „Atmen im Fünfertakt" löst die körperliche Anspannung und hilft, Gedanken zu entwirren. Hier handelt es sich um eine milde Form der Selbsthypnose, die sowohl Körper als auch Geist in einen weiten, gelösten Zustand versetzt. Diese Form der Selbsthypnose gelingt erst nach einiger Übung. Dann aber folgt die Entspannung schnell und ist in extrem belastenden Situationen und Herausforderungen sehr wirkungsvoll.

Setzen Sie sich bequem nieder, schließen Sie die Augen und atmen Sie tief ein, entspannen Sie Ihre Gesichts- und Nackenmuskeln, während Sie ausatmen. Beim zweiten Atemzug entspannen Sie die Muskeln in den Armen und den Schultern. Beim dritten Atemzug entspannen Sie die Muskeln im Brustkorb, im Bauch und im Rücken. Beim vierten Atemzug entspannen Sie die Muskeln in den Beinen und den Füßen. Beim fünften Atemzug entspannen Sie den gesamten Körper, während Sie ausatmen. Nach einer Weile zählen Sie von zehn bis eins, ballen die Fäuste und recken sich und sagen zu sich selbst: „Ich bin völlig entspannt und wach."

Stimme und Sprechen stärken

Vor anderen reden kann man lernen. Wer sich zugesteht, lernen zu wollen, Vorträge, Referate oder Ansprachen zu halten, ist motiviert und neugierig. Wer von sich verlangt, es auf Anhieb perfekt zu können, verlangt zuviel von sich. Vor anderen zu reden, sie für ein Thema zu interessieren und mit Argumenten zu überzeugen, muss geübt werden. Ähnlich wie das Erlernen eines Instruments braucht es aber Erfahrung, Disziplin und Routine. Wie rede ich vor anderen? Zunächst einmal geht es um die Bestandsaufnahme Ihrer eigenen Schwächen beim Sprechen. Sprechen Sie zu leise? Zu hastig? Zu undeutlich? Zu schnell? Verwenden Sie zu oft „und", „oder", „genau", „ehrlich", „hm", „äh"?

Wie ist Ihr Blickkontakt? Können Sie Blickkontakt aufnehmen und halten? Ist Ihnen bewusst, dass Ihr Gegenüber Ablehnungsgefühle entwickelt, wenn Sie keinen Blickkontakt aufnehmen? Im Gesichtsausdruck zeigt sich, ob ein Darsteller nur für sich selbst, auf Abwehr bedacht, oder für das Publikum präsent ist. Viele Menschen machen ein angespanntes Gesicht, wenn sie vor anderen reden. Dadurch wirken sie unfreundlich, obwohl sie sich nicht unfreundlich fühlen, sondern eher gehemmt. Zuschauer und Zuhörer haben ein Recht auf Ihre Freundlichkeit. Das bedeutet nicht, dass Sie ständig lächeln müssen. Aber der Schwerpunkt Ihres Ausdrucks sollte freundlich gestimmt sein. Vielleicht haben Sie schon die Erfahrung gemacht: wenn Sie sich morgens vor dem Spiegel anlächeln, erhält der Tag eine freundlichere Farbe. Wenn Ihnen jemand unfreundlich begegnet, hat das einen gewaltigen Einfluss auf Ihre Stimmung. Es kann Ihnen den ganzen Tag vermiesen.

Wer vor anderen spricht, kann Freundlichkeit, Wohlwollen und Liebenswürdigkeit nicht hoch genug bewerten. Inzwischen weiß man, dass der Gesichtsausdruck die innere

Stimmung beeinflusst. Wenn Sie in Ihrem Gesichtsausdruck freundliche Empfindungen zeigen, dann verändern Sie auch Ihre innere Stimmung dementsprechend. Das hat wiederum Einfluss auf Ihr Sprechen und Ihre gesamte Haltung.

Nehmen Sie sich vor, Ihre sprachlichen Schwächen anzugehen. Stecken Sie sich konkrete Ziele. Also zum Beispiel lauter zu sprechen oder deutlicher. Wählen Sie ein Ziel aus, das Ihnen leicht fällt, bevor Sie zu schwierigeren Aufgaben übergehen.

Als nächstes könnte das Weglassen Ihres gewohnten „Pausenfüllwortes" stehen, also „und" oder „äh" wegzulassen. Ein erster Schritt kann darin bestehen, Sprechpausen einmal bewusst auszuhalten, statt sie mit dem üblichen „äh" oder „und" zu füllen. Das ist vielleicht leichter gesagt als getan, denn für viele sind Pausen auf der Bühne unangenehm oder peinlich. Dennoch ist es möglich, sich das Innehalten zu verordnen und zu üben, statt der gewohnten Füllwörter Pausen beim Sprechen einzulegen.

Öffentlich sprechen lernen

Welche Maßnahmen sind geeignet, diese Veränderungsschritte einzuleiten? Die Reihenfolge könnte so aussehen:

Deutlicher sprechen.

Pausen machen, statt Füllwörter zu benutzen.

Ein Notizbuch führen, in das Sie Ihr Vorhaben jeden Tag als Erinnerungshilfe eintragen, also z.B. „ich spreche deutlicher".

Schreiben prägt sich dem Gedächtnis ein und hilft, sich an Ihre Vorsätze zu erinnern und sie zu befolgen. Als nächstes notieren Sie beispielsweise: „Sprechpausen einlegen".

Eine andere Maßnahme ist das laute, deutliche Lesen eines frei gewählten Textes, das Sie jeden Tag zu einer selbst gewählten Zeit praktizieren. Lesen Sie sich selbst jeden Tag einige Minuten etwas vor. Übertreiben Sie Ihre deutliche Aussprache und Lautstärke. Wenn man über Jahre gewohnt war, undeutlich zu sprechen, dann ist eine übertriebene Deutlichkeit gerade deutlich genug. Als unterstützende Maßnahme kann ein Zettel in Ihrem Geldbeutel, am Schreibtisch, in der Küche oder in der Hosentasche dienen, der Sie an das erinnert, was Sie sich vorgenommen hatten: „deutlich sprechen", „Pausen einlegen". Richtiges, deutliches Sprechen ist ein enormer Vorteil auf der Bühne, denn die Stimme ist ihrer Natur nach ein Verstärker der Persönlichkeit.

Die Grundübung für den Aufbau einer vollen, wohltönenden Stimme ist das summende Ausatmen auf „m" und „n". Stellen Sie sich hin und atmen Sie ganz natürlich ein. Atmen Sie auf „m" summend aus. Und nun das gleiche auf „n". Um die Tonbildung noch resonanzreicher zu gestalten, fügen Sie dem „m" und dem „n" Vokale, Umlaute und Doppellaute hinzu. Mögliche Kombinationen wären also:

mmim, mmem, mmam, mmom, mmum
mmäm, mmöm, mmüm
mmeim, mmeum, mmaum
nnin, nnen, nnan, nnun
nnän, nnön, nnün
nnein, nneun, nnaun

Wichtig ist, dass Sie das „m" und das „n" betonen und gut schwingen lassen. Wenn Sie diese Übung täglich ein paar Minuten praktizieren, werden Sie merken, dass Ihre Sprechstimme voller und wohltönender wird. Sie werden auch nicht mehr so rasch heiser.

Stimmung, Singen und Gefühle

Singen ist Atemführung verbunden mit Klang. Singen berührt wie Atmen die Schnittstelle zwischen Leib und Seele und kann langfristig zur Vorbereitung für einen öffentlichen Auftritt eingesetzt werden. Beim Singen fühlen wir die Schwingung und die Resonanz, die wir mit unserer Stimme selbst erzeugt haben. Auch der Ausdruck „Stimmung" weist darauf hin, wie die Stimme die Stimmung formt und umgekehrt, wie Stimmung sich in der Stimme ausdrückt. Wie lassen sich Angstzustände wirksam über die Stimme beeinflussen? Wie kann ich meine Gedanken über die Stimme positiv beeinflussen?

Allein schon die Konzentration auf ein paar lange Töne kann eine stabilisierende Wirkung haben und zu einem Ich-Gefühl, zum „Einklang mit sich selbst", führen. Denken, Fühlen und Handeln werden durch die Konzentration auf einen Ton eins. Auch hier gilt das Prinzip: Weniger ist mehr! In ein Lampenfieberritual einbezogen bekommt das Singen eine zweifache Bedeutung, als physische Entspannungsmöglichkeit und als psychische Spannungsabfuhr.

Als Anti-Lampenfieberübung, z. B. bei zittrigen Händen, empfehle ich die Herzschlag-Übung:

Herzschlag-Übung

Singen Sie lange Töne, bei denen sich die Stimme mühelos entfalten kann, und achten Sie dabei auf Ihren Herzschlag. Der lang angehaltene Ton enthält eine wellenartige Bewegung. Diese Bewegung überträgt sich auf den Körper, entspannt und erhöht gleichzeitig Ihr Ich-Gefühl.

Den richtigen Grundton finden

Singen kann als „Konditionierung" von Selbstvertrauen dienen. Indem ich beispielsweise den eigenen Grundton finde, von dem aus sich die Stimme mühelos entfalten kann, und mit dem ich Selbstvertrauen in der Vorstellung verknüpfe: „Ich finde meinen Ton, also kann ich mir selbst vertrauen."

Es wirkt schon beruhigend, wenn Sie einfach einige lange Töne summen. Von Mozart weiß man, dass er beim Komponieren immer summte. So kamen ihm die besten Ideen. Selbst wenige Minuten genügen, um Ihre Gehirnwellen zu harmonisieren, um die Atmung zu vertiefen und die Herzfrequenz zu senken. Die Folge ist eine Steigerung des Wohlbefindens und der Entspannung. Sie finden den richtigen Ton, der Ihrer eigenen Physiologie am besten entspricht, wenn Sie einen Ton leise und langsam, ohne jeglichen Druck auszuüben, kommen lassen. Beginnen Sie jeden Tag mit dieser „Urübung", mit der Sie gewünschte Zustände von Selbstvertrauen oder Selbstbewusstsein koppeln. Wer zu Atemnot oder Bronchialproblemen neigt, kann den Druck von den Bronchien nehmen und den Ausatmungsstrom bremsen, indem er die Lippen zu einem leicht hörbaren „f" formt.

Angst mit der Stimme auflösen

Mit der Stimme können Ängste oder Blockierungen gezielt aufgelöst werden. Wenn wir selbst Töne produzieren, tritt ein Phänomen auf, das von H. R. Benson als „Entspannungsreaktion" bezeichnet wurde. Benson untersuchte die Auswirkung von Mantras auf die Physiologie und stellte fest, dass die Wiederholung eines einzigen Worts messbare Wirkung hatte: Sauerstoffverbrauch und Atemfrequenz nahmen ab, der Herzrhythmus war reduziert und der Stoffwechsel verlangsamte sich. Die Aktivität der Alpha-Wellen in den Hirnströmen nahm zu, was eine entspannte Wachheit anzeigt.

Die folgende Übung soll dies nachvollziehbar machen.

Sie können diese Übung im Sitzen oder Stehen durchführen. Schließen Sie die Augen und intonieren Sie ein A oder U und stellen Sie sich vor, dass sich Ihre Angst in Ihre Stimme hinein auflöst. Forcieren Sie Ihre Stimme nicht und legen Sie nach etwa zwei bis drei Minuten eine Pause ein. Denken Sie daran, dass Laute verschiedene Wirkungen haben können. Experimentieren Sie und finden Sie den oder die Töne, die zu Ihnen passen.

Achtsamkeitsübung

Zum Finden der geeigneten Töne für die Übung „Angst mit der Stimme auflösen", schlage ich eine Achtsamkeitsübung vor, die das Bewusstsein für die Schwingung im eigenen Körper fördert. Die Achtsamkeitsübung zielt darauf ab, zu spüren, wo Resonanzen im Körper stattfinden. Wichtig ist es, zu spüren, welche Gefühle die einzelnen Töne auslösen, welche Körperprozesse sie erzeugen und welche Energieströme sie freisetzen.

Wenn Sie einzelne Vokale singen, dann werden Sie feststellen, dass jeder Vokal einen bestimmten Sitz im Körper hat. Beginnen Sie mit dem Vokal „U". Dabei können Sie beobachten, dass das Singen des „U" im Unterleib seine Resonanz hat, das „O" im Bauch, das „A" in der Brust, das „E" im Hals und der Brust, das „I" im Kopf. In ähnlicher Weise arbeiten auch indische Gesangsschulen, die ihre Schüler oft stundenlang den gleichen Ton auf einen bestimmten Vokal singen lassen.

Beruhigung durch Mantras

In den Mantras (heilige Urlaute) der asiatischen Kulturen lebt heute noch eine machtvolle Tradition der Selbsterfahrung. Jeder Laut oder Klang, der zur Veränderung eines seelischkörperlichen Zustandes führt, kann als Mantra bezeichnet werden. Voraussetzung ihrer Wirkung ist die ständige, unermüdliche Wiederholung. Wie oben beschrieben führt die Wiederholung dazu, dass Sauerstoffverbrauch und Atemfrequenz abnehmen, sich der Herzrhythmus reduziert und sich der Stoffwechsel verlangsamt.

Das Sanskritmantra OM, das täglich von unzähligen Menschen gesungen wird, ist nicht nur in Indien, sondern auf der ganzen Welt bekannt. Die respektvolle Äußerung dieses Urlauts wird von denen, die es seit langem üben, als äußerst hilfreich bei der Überwindung alltäglicher Schwierigkeiten empfunden.

Bei Lampenfieber hingegen sind die kurzen, silbenförmigen Mantras von besonderem Interesse. Sie können selbst Laute erfinden oder Silben wiederholen. Allein das Rezitieren von Lauten oder Silben macht aufmerksam und ist beruhigend, ob die Worte nun etwas bedeuten oder nicht. Mantras können auch gesungen werden.

Die tiefe Wirkung entfalten sie aber dort, wo wir nach innen sprechen – in der Stille. Wir wiederholen Silben oder Laute, die uns von der Tageshektik entfernen. Auf diese Weise geschieht automatisch eine Beruhigung und Vertiefung der Atmung – das wichtigste Mittel zur Verlangsamung und Zentrierung bei Lampenfieber.

Spannung und Entspannung regulieren

Auch die Fähigkeit, sich richtig entspannen zu können, einen gelösten, „normalen" Spannungszustand – Eutonie – zu finden, gehört zur Grundausstattung für den richtigen Umgang mit Lampenfieber. Entspannungs-Spannungs-Übungen bieten nicht nur die Möglichkeit zum Abbau von störenden Verspannungen, sie sind überhaupt Voraussetzung für die muskuläre und psychische Gelassenheit. Mit einem verspannten Körper hingegen können weder flüssige Gedanken noch Bewegungsabläufe erreicht werden.

Die in den meisten Ratgebern erstrebte „Entspannung" oder „Lockerheit" ist auf der Bühne nicht nur illusorisch, sondern auch wenig hilfreich. Wenn ich im Folgenden von „Entspannung" spreche, meine ich eine „gelöste Spannung", im Gegensatz zur totalen Entspannung (was bedeuten würde: ohne jegliche Spannung). Sowohl die Zuschauer oder Hörer als auch der Auftretende sind zu Beginn eines Auftritts gespannt, was nun geschieht. Es ist geradezu die Aufgabe eines Darstellers, diese Spannung herzustellen, mit ihr zu „spielen", um dem Ereignis eine gewisse Bedeutung zu verleihen.

Wenn man diesen Spannungszustand bejaht und als Voraussetzung eines gelungenen Auftritts nutzt, kann man dem Lampenfieber sogar eine positive Seite abgewinnen. Für einen überzeugenden Auftritt braucht man eine „gelöste Spannung", die weder Lockerheit, Erschlaffung noch Verspanntheit beinhaltet, sondern eine wache, energievolle Gelöstheit darstellt.

Was ist Entspannung?

Entspannung im oben dargestellten Sinn ist ein psychophysischer Zustand mit einer geringen Aktivierung, subjektiv und physiologisch besonders deutlich nach einer vorausgegangenen Anspannung, die sich unter Ruhebedingungen oder durch aktive Entspannung löst. Entspannung hat verschiedene Aspekte, wobei neben dem Erleben von emotionaler, geistiger und körperlicher Beruhigung und Gelöstheit typische physiologische Veränderungen eintreten: Abnahme von Herzfrequenz, Blutdruck und andere kardiovaskuläre Funktionen, Abnahme der Muskelspannung, verringerte Ausscheidung von sogenannten Stresshormonen (Adrenalin, Noradrenalin, Cortisol).

Die Dynamik von Anspannung und Entspannung kennzeichnet Arbeits- und Erholungsphasen in Beruf und Freizeit ebenso wie die Tag-Nacht-Phasen. Entspannung ist von Ermüdung und Müdigkeit zu unterscheiden, da Wachheit, Aufmerksamkeit und Reaktionsleistungen nicht entscheidend beeinträchtigt sind.

Sensibilisieren für gelöste Spannung

Diese Übung will für eine gelöste, aktive Entspannung sensibilisieren. Nach etwa zehnmaligem Üben dieser Technik genügt eine einzige Anspannung des gesamten Körpers, um in einen tief entspannten Zustand zu gelangen. Diese Übung unterscheidet sich von anderen progressiven Entspannungstechniken durch die Einbeziehung der Imagination als Parallelvorgang zum An- und Entspannen. Die einzelnen Körperteile werden also nicht nur angespannt, sondern es kommt auch die Vorstellung hinzu, wie beispielsweise der Fuß größer wird. Durch diese Verbindung von Effekten des Autogenen Trainings mit der muskulären Entspannung ist eine tiefgehende Wirkung zu erreichen.

Legen Sie sich auf den Rücken, die Beine sind etwas gespreizt, die Arme liegen neben dem Körper, die Augen sind geschlossen. Sagen Sie sich: „Ich bin ganz ruhig und entspannt." Nun werden bestimmte Muskelgruppen angespannt und entspannt, wobei Anspannung und Entspannung in der Vorstellung mitvollzogen werden. Im Rhythmus von drei bis fünf Sekunden geschieht das Wahrnehmen, Anspannen und Loslassen. Beginnen Sie mit dem rechten Fuß: Spüren Sie ihn deutlich – anspannen – Spannung halten – loslassen. Beim Loslassen stellen Sie sich vor, wie Ihr Fuß größer wird. Ruhig nachatmen!

Dann folgen: linker Fuß, rechter Unterschenkel, linker Unterschenkel, rechter Oberschenkel, linker Oberschenkel, beide Beine zusammen, rechter Gesäßmuskel, linker Gesäßmuskel, beide Gesäßmuskeln, Bauchmuskeln, Brustmuskulatur, Schultermuskulatur, rechte Hand, linke Hand, rechter Unterarm, linker Unterarm, rechter Oberarm, linker Oberarm, beide Arme zusammen, Nacken, Gesicht und Kopf, abschließend den ganzen Körper anspannen und ruhig nachatmen.

Bewegungsempfindungen

Der menschliche Körper strahlt permanent Signale aus. Mimik, Gestik, Körperhaltung und Beweglichkeit sind voller Sprache. Um diese Sprache zu lernen und zu verfeinern, müssen wir uns mit der Empfindung für unsere Muskeln, Sehnen und Gelenke befassen. Auf der Bühne, wo wir im Zentrum der Aufmerksamkeit stehen, werden die Körpersignale, die wir aussenden, verstärkt wahrgenommen. Deswegen sollte man sie nicht dem Zufall überlassen. Erst, wenn wir Zugang zu unseren Bewegungsempfindungen haben, können wir sie auch gezielt steuern. Zur Vertiefung des Körpergefühls schlage ich zunächst drei grundlegende Übungen zur Verbesserung der Körperwahrnehmung vor – „Sich lösen", „Klatschnasser Schwamm" und „Gelassen werden".

Sich lösen

Setzen Sie sich auf einen Stuhl, die Hände liegen auf Ihren Oberschenkeln. Schließen Sie die Augen und lauschen Sie Ihrem Atem. Spüren Sie, wie Ihre Muskeln müde werden, wie Sie in ein Gefühl von Schwere und Wärme eintauchen. Bleiben Sie in diesem entspannten Zustand und denken Sie „Loslassen". Nach einer Weile nehmen Sie Ihre Entspannungshaltung wieder zurück. Atmen Sie einige Male tief durch, ballen Sie Ihre Hände zu Fäusten und gähnen Sie herzhaft. Ihre Glieder sind jetzt gelöst und beweglich. Sie fühlen sich wach und öffnen die Augen.

„Klatschnasser Schwamm"

Legen Sie sich auf eine Matte, die Arme liegen seitlich neben dem Körper, Handflächen nach unten, Beine leicht geöffnet, Augen geschlossen. Stellen Sie sich vor, Ihr Körper wäre ein klatschnasser Schwamm, der das Wasser aus den Poren loswerden möchte. Öffnen Sie gedanklich die Poren Ihrer Fußsohlen und lassen Sie das Wasser entweichen.

Wandern Sie in sämtliche Körperteile: Beine, Becken, Brust, Arme, Hände und Kopf. Sie können die Entspannungswirkung unterstützen, wenn Sie sich zusätzlich vorstellen, dass das Wasser entdampft. Atmen Sie durch jeden Körperteil einige Male kurz und tief ein und aus. Denken und sagen Sie innerlich: „Ich bin ganz gelöst und wach."

Gelassen werden

Ein guter Muskeltonus ist ausschlaggebend für unser Wohlbefinden. Die meisten Menschen befinden sich heute in einem ständigen Spannungszustand und merken oft gar nicht mehr, dass sie in Spannung leben. Mit den nächsten Übungen erfahren Sie, wie Sie sich noch tiefer in einen Zustand der Gelassenheit versetzen können. Ich beginne mit der Übung „Gummipuppe".

Stellen Sie sich mit geschlossenen Augen vor, Sie wären eine Gummipuppe, deren Glieder mit losen Gummibändern verbunden sind. Bewegen Sie sich mit Ihrem „Gummikörper" wie eine Schlange. Folgen Sie den Impulsen des Körpers und lassen Sie völlig los. Genießen Sie das Gefühl der Schwere. Danach ruhen Sie ein paar Minuten und spüren nach, wie warm und geschmeidig Sie sich fühlen. Recken und strecken Sie sich, spannen Sie Ihre Muskeln an und lösen sie die Anspannung wieder. Öffnen Sie die Augen und strecken Sie sich noch einmal.

„Fantasie- und Aufmerksamkeitsreise"

Nehmen Sie sich viel Zeit für die folgende Wahrnehmungsübung, bei der Sie sich ebenfalls in einen Zustand tiefer Gelassenheit versetzen können. Sie müssen nicht unbedingt die vorgeschlagene Reihenfolge einhalten, aber beobachten Sie: Wo verweile ich gern? Wo gehe ich gern wieder zurück? An welcher Stelle gehe ich schnell weiter?

Legen Sie sich auf eine Matte, die Arme liegen seitlich neben Ihrem Körper, die Beine sind leicht gespreizt. Schließen Sie die Augen und spüren Sie den Kontakt zum Boden. Nehmen Sie Ihren linken Fuß wahr, wechseln Sie zum rechten Fuß und wandern Sie mit Ihrer Wahrnehmung in das linke Bein, Knie, Oberschenkel und Becken und dann in das rechte Bein, Knie, Oberschenkel und Becken. Folgen Sie Ihren Fantasien, Bildern und Gedanken, die auftauchen. Richten Sie Ihre Aufmerksamkeit nun auf Ihre Arme und Hände: linker Arm, rechter Arm, linke Hand, rechte Hand. Spüren Sie Unterschiede zwischen den beiden Seiten? Wandern Sie mit Ihrer Wahrnehmung weiter in die Schultern, Nacken, Kopf, Stirn, Augenlider, Nase, Wangen und Mund. Beobachten Sie Ihren Atem, spüren Sie, wie Ihr Atem den Brustkorb hebt und senkt.

Lenken Sie Ihre Aufmerksamkeit in den Brustkorb, die Rippen und das Becken. Erforschen Sie Ihr Becken und gehen Sie von dort aus in den Rücken. Wandern Sie ruhig einige Male an Ihrer Wirbelsäule entlang – vom Becken bis zum Schädelrand. Gehen Sie mit Ihrer Wahrnehmung weiter in die Gegend unterhalb des Nabels und suchen Sie von dort aus Kontakt zu Ihrem Magen, Ihrer Leber und Ihren Eingeweiden.

Negative Denkgewohnheiten überwinden

Stellen Sie sich ein Arbeitszimmer vor, das lange nicht mehr aufgeräumt wurde. Auf dem Schreibtisch stapeln sich die Papiere, Bücher, Zeitschriften. Alles liegt durcheinander, ein sinnvolles Arbeiten ist nicht mehr möglich. Es ist notwendig, dass Sie erst einmal sortieren, wegräumen und einordnen. Damit vergleichbar ist es auch bei Lampenfieber nötig, dass Sie Ihre Gedanken mit Hilfe gezielter praktischer Anleitungen neu wahrnehmen und ordnen lernen. Wie Sie sich auf der Bühne verhalten, ist kein unabhängiger Automatismus, sondern immer vermittelt über Ihre Vorstellungen und Erwartungen – über Ihr Denken. Die bewusste Wahrnehmung Ihrer Gedanken ist der Auftakt für neue Denkansätze, die ein verändertes Verhalten einleiten.

Nachdem ich zu Beginn die verschiedenen Denkfallen vorgestellt habe, geht es im Folgenden um die Entwicklung von Maßnahmen, die dazu beitragen, die alten Denkgewohnheiten zu durchbrechen. Die Aufgabe besteht aus zwei Schritten: Gedanken, die sich destruktiv bemerkbar machen, sind zuerst zu identifizieren und dann in positivere, aufbauende Bahnen zu lenken, so dass Sie sich auf der Bühne nicht mehr mit Gedanken auseinander setzen müssen, die Sie sabotieren. Beginnen wir mit einer „Selbstberatung".

Selbstberatung

Schreiben Sie oder nehmen Sie auf, was Sie einem anderen Menschen auf die Frage entgegnen würden: „Woher kommt eigentlich mein Lampenfieber?" Ihre Antworten können völlig unsortiert sein. Stellen Sie sich nun vor, eine Freundin in vergleichbarer Lebenslage käme zu Ihnen und erzählte Ihnen genau das. Überlegen Sie, was Sie ihr in diesem konkreten Fall raten würden.

Identifikation von destruktiven Gedanken

Eignen Sie sich bezüglich der Gedanken, die Sie quälen und in Ihnen mehr oder weniger heftige Angstattacken auslösen, folgende „Einsichten" an:

Meine Gedanken tragen zur Entwicklung von Lampenfieber bei.

Unangemessene Gedanken („Denkfallen") führen zur fehlerhaften Wahrnehmung und Beurteilung von Auftrittssituationen.

„Innere Feinde" können zur Gewohnheit werden und automatisch auf der „Gedankenbühne" auftreten.

Gefühle von Lampenfieber lassen sich bewältigen durch eine neue Ausrichtung der Gedanken.

Es ist relativ leicht, über äußere Gefahren zu sprechen. Sie lassen sich in klare, sprachliche Begriffe fassen. Man kann sich mit anderen darüber austauschen. Die innere Welt der Gedanken hingegen ist sehr schwer zu fassen und zu benennen. Die meisten können sich nur mit wenigen anderen darüber austauschen. Die in der Gedankenwelt vorhandenen, oft schwer kommunizierbaren Gedanken, die das „innere Betriebsklima" vergiften, tragen aber entscheidend zur Entwicklung von Lampenfieberbereitschaft bei.

Die tradierten psychologischen Typologien haben uns glauben lassen, der Mensch sei entweder rational oder emotional, chaotisch oder ordnungsliebend, ängstlich oder risikofreudig. An dieser Auffassung mag zutreffen, dass jeder über einige Denkmuster verfügt, die gern die äußere Bühne beherrschen und bühnenerprobt sind. Aber im Hintergrund der Bühne oder hinter den Kulissen gehören andere dazu: zum Teil sehr lichtscheue „Quälgeister", die Selbstabwertung, Selbstentwer-

122

tung, Selbstzweifel, Skepsis und Vorwürfe verursachen. Mit dem ersten Schritt, der Identifizierung der „Quälgeister", ist schon viel gewonnen.

Der zweite Schritt besteht nun darin, sie zu integrieren und zu verwandeln, d.h. aus den negativen und positiven „inneren Stimmen", die gegeneinander, durcheinander oder nebeneinander existieren, ein Team zu bilden, das auf der Bühne kooperiert. Wie vollzieht sich diese innere gedankliche Führung? Wie kann dieser innere Vorgang – das „Mit sich selbst stimmig werden" erfolgreich gestaltet werden?

Mit sich selbst stimmig werden

Bei kleineren Auftritten, die wenig angstbesetzt sind, dauern Selbstgespräche häufig nur wenige Minuten und hören wie von selbst wieder auf, weil man ziemlich schnell merkt: „Es läuft gut." Bei größeren, längerfristig angelegten „Auftrittsprojekten" dauern sie nicht nur länger, sie bedürfen bewusster Korrekturmaßnahmen.

Es folgt ein Beispiel für ein Selbstgespräch einer Studentin, die ein Referat plant. Die „inneren Mitwirkenden": eine Perfektionistin, eine Selbstzweiflerin und ein Faulpelz.

Perfektionistin: Ich muss das unbedingt können.

Selbstzweiflerin: Das schaffst du nie!

Faulpelz: Eigentlich habe ich gar keine Lust.

Perfektionistin: So weit kommt es, dass du wieder kneifen willst. Du feiges Weichei!

Faulpelz: Ich will nur dafür sorgen, dass du dich nicht immer so überforderst.

Selbstzweiflerin: Aber ich raste fast aus, von dem Referat hängt doch alles ab.

Faulpelz: Nun mal realistisch, selbst wenn es schief geht, den Kopf wird's dich schon nicht kosten. Außerdem – wie wär's, wenn ihr beide mal innehalten würdet mit eurer ewigen Stressmacherei.

Perfektionistin: Da muss ich energisch protestieren, selbst mein Professor meinte, „Mach bloß keine Fehler". Heute sind die Kerle an der Uni einfach gnadenlos.

Selbstzweiflerin: Außerdem fehlt mir einfach die Routine. Die anderen haben schon viel öfter Referate gehalten.

Perfektionistin: Du hast Recht, ich glaube, ich verlange einfach zu viel von mir.

Faulpelz: Glanzleistungen kannst du dir doch für das nächste Semester aufheben. Hilf doch lieber, dass das Referat einigermaßen ordentlich ausfällt. Ich glaube, ihr beide braucht mich wirklich, damit ich euch immer wieder auf den Boden bringe.

Selbstzweiflerin: Meine Mutter hat mir immer gesagt, ich soll bloß nie studieren. Wie soll ich denn je sicher auf dem Boden stehen?

Faulpelz: Hör auf mit deinen rührseligen alten Kamellen! Schreib dein Referat, dann kannst du weiter über deine Mutter nachdenken. Oder vielleicht lieber ins Kino gehen.

Natürlich geht es auf der Bühne nicht so der Reihe nach zu. Vielleicht kommen auch nur undeutliche Gedankenfetzen, die durch den Kopf rasen. Dennoch lässt sich an diesem Dialog ablesen, wie die einzelnen Stimmen sich um Lösungen bemühen. Sie hören einander zu, lassen sich in Frage stellen und beeindrucken, greifen ordnend und relativierend ein. Interessant ist, dass in diesem Beispiel gerade der abgelehnte Faulpelz über die Angemessenheit der Reaktionen befindet. Er kennt den Selbstzweifler und den Perfektionisten, nimmt eine provozierende, aber wohlwollende Haltung ihnen ge-

genüber ein und bringt sie dazu, ihre übertriebenen Macht-
demonstrationen zugunsten einer Kooperation „herunterzu-
fahren".

Die innere Bühne strukturieren

Vor einem Auftritt ist es oft kein leichtes Spiel, mit dem inneren Gedankenszenario fertig zu werden. Es gibt Empfindungen, die das Denken erschweren. Sie lassen sich in vier
Grundmuster ordnen:

Ich bin blockiert.
Ich bin gelähmt.
Ich bin verwirrt.
Ich bin überwältigt.

Diese vier getrennt aufgeführten Muster können auch in-
einander übergehen, so dass jemand zum Beispiel verwirrt
und gleichzeitig blockiert ist. Wie lässt sich nun das innere
Gedankenszenario vor einem Auftritt verändern? Ich schlage
fünf Denkschritte bzw. einen strukturierten Weg der Lö-
sungsfindung vor.

1. Schritt: Wer spricht da?

Wie lauten die einzelnen Wortmeldungen? Wie könnte
man sie unterscheiden? Beispielsweise, es melden sich ein
Angsthase, ein Zweifler, ein Kritiker, ein Dogmatiker, die
sich voneinander unterscheiden lassen.

2. Schritt: Was sagen die einzelnen Stimmen?

Auch in der professionellen Eheberatung und beim Kon-
fliktmanagement werden „innere" Gesprächsrunden vor-
geschlagen: Jeder erhält eine bestimmte Redezeit, ohne
unterbrochen zu werden und ohne Kommentare der anderen. Es wird zugehört, bis der nächste an der Reihe ist.
Ein Beispiel:

Angsthase: Das ist einfach zu viel Stress für mich. Ich kann schon jetzt nicht mehr durchschlafen. Wenn ich nur daran denke, kriege ich schon Herzklopfen und klamme Finger.

Zweifler: Werde ich es schaffen? Habe ich mir nicht zu viel vorgenommen? Werde ich gut ankommen? Sollte ich nicht doch lieber absagen? Was ist, wenn ...?

Kritiker: Du machst zu viele Fehler. Du hast dich nicht gründlich genug vorbereitet. Du wirkst zu unsicher. Das hat alles weder Hand noch Fuß.

Dogmatiker: Du brauchst mehr Disziplin. Konzentrier dich! Sei nicht so verklemmt!

Angsthase: Ich traue mich nicht. Die anderen überholen mich sowieso. Ich würde mich nie so in den Vordergrund spielen wie die anderen. Ich bin eben bescheiden.

Neugierige: Was gibt's Neues? Ich werde mal etwas anderes ausprobieren. Ich liebe Nervenkitzel und Abenteuer. Letztes Mal ist es auch gut gegangen.

Soweit die Anhörung der „vier Seelen in der Brust". Ich habe bewusst vier typische Stimmen sprechen lassen, um zu zeigen, wie facettenreich solch eine innere Gedankenlandschaft beschaffen sein kann.

3. Schritt: Wie können die einzelnen Stimmen in einen Austausch treten?

Ich demonstriere einen Ausschnitt, um zu zeigen, wie solch ein Austausch aussehen könnte:

Angsthase (zum Dogmatiker): Gib mir doch einen Rat wegen meiner Angst, ich kann mich schon seit drei Tagen nicht mehr konzentrieren.

Dogmatiker: Da gibt's nur eines. Du musst wieder anfangen zu meditieren, damit du insgesamt gelassener wirst.

Außerdem solltest du nicht immer nur um den eigenen Nabel kreisen. Denk mal mehr an deine Mitmenschen, die haben viel schlimmere Probleme, vielleicht wirst du dann sogar dankbar für deine hausgemachten Sorgen.

Angsthase: Aber ich habe doch deutlich gesagt, dass mir das alles zu viel ist …

4. Schritt: Wie könnten Lösungen oder Teillösungen aussehen?

Auf der Suche nach Lösungsideen stehen zu Beginn gezielte Fragen an die einzelnen Stimmen.

Frage an den Angsthasen: Welche Entlastungen bräuchtest du, um den Stress zu reduzieren? Gibt es Ausnahmen, Situationen, in denen du nicht schüchtern bist?

Frage an den Dogmatiker: Gibt es einen Bereich, wo du loslassen kannst?

Frage an den Neugierigen: Könntest du die anderen anstecken mit deinem Mut zum Risiko?

5. Schritt: Wie komme ich zu einer stimmigen Integration?

Jetzt ist es an der Zeit, eine Reaktion zu überdenken, die die Einwürfe der verschiedenen Stimmen in sich vereinigt. Im angeführten Beispiel könnte die Integration folgendermaßen aussehen.

Der Angsthase muss etwas zurückstecken, dafür übernimmt die Neugierige die Führung, der vom Dogmatiker mit seiner Disziplin unterstützt wird. So ist beiden geholfen: Der lichtscheue Schüchterne muss unter die Menschen, während der Kritiker zum Geben motiviert wird. Eine vollständige Einigung der verschiedenen Stimmen gelingt allerdings selten.

Aber wichtiger als Einigkeit ist ein inneres Klima des Respekts und der Wertschätzung, bei dem jede der inneren Stimmen zumindest beteiligt ist und keine Stimme ausgegrenzt, verdrängt oder unterdrückt wird. Verläuft eine innere Diskussion jemals so geordnet, wie ich sie oben dargestellt habe? In der Regel haben es Menschen vor Bühnenauftritten eher mit spontanen, ungeordneten Gedankengängen zu tun, die sich erst nachträglich in eine Ordnung und Logik bringen lassen. Dennoch scheinen mir die angegebenen Schritte in ihrer Reihenfolge eine logische Struktur wiederzugeben, nach der jeder seine eigenen Denkprozesse näher beleuchten und eine bewusste Gestaltung einleiten kann. Die äußeren Umstände einer solchen inneren Auseinandersetzung können variieren, entweder ‚allein im stillen Kämmerlein‘, am Schreibtisch, in schriftlicher Form oder im Gespräch mit guten Freunden.

Positive Selbstaussagen und unterstützende Anweisungen

Haben Sie schon einmal darauf geachtet, wie häufig Sie sich Lampenfieberinstruktionen hingeben: „Ich werde immer heiser", „Mir werden die Hände zittern", „Ich verliere die Kontrolle". Solche Sätze sind Vorhersagen, die Fakten schaffen. Denn das Denken hat eine wichtige Funktion im Umgang mit Lampenfieber. Es kommt deshalb entscheidend darauf an, persönliche Instruktionen zu entwickeln, die Ihnen helfen, Bühnensituationen zu bewältigen und durchzuhalten, und anders zu denken als bisher.

Der erste Denkschritt lautet: Ich akzeptiere mein Lampenfieber. Es ist ein Teil von mir, und ich nehme mich so an, wie ich bin. Ich kann aber eine gedankliche Distanzierung leisten, indem ich alternative Selbstaussagen einübe. Folgende weitere Fragen können zur Erstellung sinnvoller kognitiver Alternativen beitragen:

Was bedeutet mir dieser Auftritt?

Was will ich vermitteln?

Welche Fähigkeiten, Ressourcen haben mir in der Vergangenheit geholfen?

Was erwarte ich?

Was erwarten die anderen von mir?

Was möchte ich Neues ausprobieren?

Wie könnte ich meinen Mut unterstützen?

Wie könnte ich dafür sorgen, dass mir mutige und hilfreiche Ideen einfallen?

Welche unterstützenden Anweisungen könnte ich mir geben?

Bei diesen unterstützenden Anweisungen geht es um:

den Einsatz beruhigender Worte: „Ich kann damit fertig werden, wenn ich mir gut zurede."

den Aufbau möglicher positiver Selbstaussagen: „Ich traue mir etwas zu."

das Anführen möglicher positiver Wahrscheinlichkeiten, die eintreten könnten: „Vielleicht wird es gar nicht so schlimm, wie ich befürchte."

die Auflockerung fixierter Gedankengänge: durch Begriffe wie „vielleicht", „möglicherweise" und Sätze wie „Ich halte erst einmal inne", „Ich probier es erst einmal aus."

Bilden Sie positive Annahmen, die Sie den abwertenden, destruktiven Annahmen gegenüberstellen. Möglicherweise sind manche Ihrer alten Negativgedanken zur Gewohnheit geworden oder wiegen so schwer, dass Sie viele Versuche benötigen, um positive Annahmen, die einen Ausgleich schaffen könnten, zu erarbeiten.

Erlauben Sie Ihrem Selbstzweifel nicht, das letzte Wort zu behalten. Suchen Sie Kontakt zu einem Gegenspieler.

Der wichtigste Gegenspieler zum Lampenfieber ist nicht die Gleichgültigkeit oder die Gefühllosigkeit. Wenn es Ihnen um etwas Wichtiges geht, das auch ein Risiko enthält, dann brauchen Sie Risikofreude oder Mut. Suchen Sie Kontakt zu Ihrem mutigen Persönlichkeitsanteil, der etwa folgende Botschaft geben könnte:

„Trau dich"
„Versuch' es noch einmal"
„Du kannst trotz deines Lampenfiebers überzeugend auftreten"
„Wage es, etwas Neues zu probieren"

Üben Sie sich darin, Ihrer mutigen Seite das letzte Wort zu lassen. Lassen Sie dies zu einer Denkgewohnheit werden, die allmählich ein ansteigendes Gefühl von Sicherheit entstehen lässt.

Mentales Training

Das mentale Training ist inzwischen zur Standardmethode in den verschiedenen Sportarten wie auch in der Instrumentalpädagogik avanciert. Mentale Probe nennt man den Vorgang, wenn man sich kurz vor einem Auftritt den Ablauf bewusst vorstellt. Das ist eine einfache und wirksame Anwendung der Kunst des Visualisierens. Das heißt: Denken, ohne Worte gebrauchen zu müssen. Wenn Sie vor Ihrem öffentlichen Auftritt im Geist den Ablauf mit Erfolg durchspielen, so räumen Sie damit Unsicherheiten und Zweifel aus dem Weg. Außerdem wird Ihr Körper auf den Auftritt eingestimmt. Es ist deshalb sinnvoll, sich immer wieder die Auftrittssituation mit allen Einzelheiten vorzustellen. Es gibt drei allgemein bekannte unterschiedliche Perspektiven, wie sich die Vorstellungskraft einsetzen lässt.

Innere Wahrnehmung: Diese Vorstellung ist verbunden mit der Sicht dessen, was um Sie herum geschieht, und zwar so, als führten Sie tatsächlich Ihre beabsichtigte Handlung aus. Kurzum: Ich sehe mich, wie ich handle.

Äußere Wahrnehmung: Bei dieser Form der Vorstellung beobachten Sie sich selbst aus der Perspektive einer anderen Person oder einer Kamera.

Kinästhetische Wahrnehmung: Diese Vorstellung ist verbunden mit der Schaffung des körperlichen Gefühls einer Handlung oder eines Bewegungsablaufes.

Wie Sie die Vorstellungskraft einsetzen, dafür gibt es keine festen Regeln. Jede dieser Wahrnehmungsmöglichkeiten stützt sich auf ein einziges Vermögen – entweder das Sehvermögen oder das Gefühl. Somit wäre eine umfassende Nutzung gewährleistet, wenn Sie auch weitere Sinne miteinbeziehen, wie beispielsweise Hör-, Tast- und Geruchssinn.

Wären Sie z.B. ein Fußballspieler und machten sich innere Vorstellungen zunutze, so sollten Sie sich selbst auf dem Spielfeld sehen, den Klang des Balls hören, das Körpergefühl beim Laufen spüren und den Geruch der Umgebung riechen. Geistige Bilder haben den Effekt, den Körper für die Aktion vorzubereiten. Es liegt nahe, geistig auch den Zustand des Lampenfiebers zu vergegenwärtigen, um so eine Gewöhnung an den Zustand auf der Bühne zu schaffen und damit das Lampenfieber abzubauen, wie z.B. mit der Technik des „inneren Bildschirms". So wie physische Fähigkeiten verbessert werden, wenn sie im Geist geübt werden, können auch gefühlsmäßige Einstellungen bearbeitet werden.

Der innere Bildschirm

Als wirkungsvolle Technik hat sich der Einsatz des „inneren Bildschirms" erwiesen. Der innere Bildschirm ist Ihr geistiges Heimkino, mit dem Sie die Fähigkeit des Visualisierens ent-

wickeln können. Auf dieser Leinwand können Sie jede Auftrittssituation abbilden, die vor Ihnen liegt. Sie können jede
Situation gefahrlos heranholen und das Probehandeln so
lange üben, bis Sie sich auch in der Realität sicher fühlen.
Auch neue Situationen können positiv durchgespielt und geübt werden.

Wenn Sie beispielsweise einen Vortrag halten müssen,
können Sie sich auf Ihrem inneren Bildschirm schon in souveräner Haltung sprechen sehen. Sie können auf Ihrer Leinwand Bilder bei Bedarf schneller oder langsamer ablaufen
lassen oder sie wie mit einem Zoom vergrößern oder verkleinern. Sie schaffen damit einen eigenen gedanklichen Bereich,
in dem Sie positive Problemlösungen vorstellen und ausprobieren können.

Einen mentalen Raum schaffen

Das mentale Training kann dazu dienen, vor einem Auftritt
die Situation in Gedanken nochmals „durchlaufen" zu lassen
und zu korrigieren. Sie können sich aber auch einen eigenen
„mentalen Raum" schaffen, in den Sie sich immer wieder zurückziehen können, um sich mental zu stärken. Am besten
eignet sich dafür ein Einstieg über die körperliche Entspannung.

Der erste Schritt bei dieser Form des mentalen Trainings
besteht darin, die Wahrnehmung auf den Unterschied zwischen Spannung und Entspannung zu lenken. Muskel für
Muskel wird angespannt, entspannt, um den Unterschied
beider Effekte deutlich zu spüren. Jeder folgende Schritt wird
mit einer verlängerten Kontraktion der linken Faust in Verbindung mit einem tiefen Einatmen und Atemanhalten, ge-
folgt von Ausatmen und Entspannung eingeleitet. Dies soll
als Auslöser für Entspannung eingeübt werden. Gleichzeitig
mit der Wahrnehmung der Unterschiede zwischen Spannung
und Entspannung wird die Aufmerksamkeit auf andere Di-

mensionen der Entspannung gelenkt. Das sind Assoziationen psychischer Zustände wie Ruhe, Sicherheit, Vertrauen, Zuversicht, die die warmen, schweren Empfindungen körperlicher Entspannung begleiten. Die Ausatmung soll später als Auslöser benutzt werden, um den Zustand der Entspannung mit den dazugehörigen Empfindungen zu induzieren.

Nachdem die Zustände körperlicher Entspannung gelernt und konditioniert sind, sollen verbale Schlüsselworte wie „ruhig", „gelassen", „bequem", „sicher" unhörbar innerlich gesprochen werden. Ebenso können Bilder eingesetzt werden, wie beispielsweise das Bild von Treppen oder Fahrstühlen, die nach unten führen, oder das Herabsinken im Wasser. Solche Bilder schmelzen die Grenzen zwischen Körper, Geist und Seele und erzeugen Gefühle der Befreiung, des Fließens weg von Raum und Zeit.

Der induzierte selbsthypnotische Zustand wird in einem „inneren mentalen Raum" verankert – ein umfassendes Bild eines angenehmen, warmen inneren Raumes, der für einen inneren Ort sorgt, von dem aus sämtliche Handlungen ausgeführt werden.

Sprache als leistungsförderndes Werkzeug

Sprache und Denken sind miteinander verknüpft. Selbst Sätze, die Sie nur denken, haben eine Wirkung. Besonders aus dem Bereich des Sports und der Musik weiß man, dass negative sprachliche Anweisungen leistungshemmende Folgen haben. Ein Pianist, der sich vornimmt, „nicht zu eilen" oder „nicht schneller zu werden", wird die unerwünschte Handlung geradezu anziehen. Der Grund dafür: Unbewusst wird jede negative Aussage als gegebene Tatsache angenommen. Die Sprache, die Menschen verwenden, prägt ihre Gefühle wie auch die Wahrnehmung von angsterregenden Situationen. Im schlimmsten Fall kann der verwendete Sprachschatz dazu führen, dass Menschen sich einreden, unfähig, hilflos oder weniger wert zu sein als andere. Es gibt bestimmte Formulierungen, die von vornherein verhindern, dass wir unser Bestes auf den Bühnen des Lebens geben können, z. B.: „Ich schaffe es nicht." „Die anderen sind besser (stärker, begabter, intelligenter, schöner)." „Die anderen sind sowieso gegen mich." „Ich werde immer verlegen." „Mir hört man sowieso nicht zu." „Mich übersieht jeder."

Wenn Sie Ihre Sprache bewusst beobachten und solche leistungshemmenden Aussagen umgestalten, setzen Sie positive Aktivität frei. Es geht darum, einen Sprachschatz zu entwickeln, der Ihre positiven Ressourcen und Kräfte freisetzt. Einige einfache Beispiele:

Statt: *„Ich schaffe es nicht."* Sagen Sie: *„Wenn ich mich gut vorbereite, schaffe ich es".*

Statt *„Ich bin ein Versager"* Sagen Sie: *„Ich versuche es noch einmal."*

Statt *„Ich kann nicht."* Sagen Sie: *„Ich möchte nicht."*

Statt *„Ich muss…"* Sagen Sie: *„Ich möchte…"* oder *„Ich will…"*

Es geht darum, das neue Vokabular entschlossen einzusetzen, so dass es mit der Zeit zur Selbstverständlichkeit wird. Hinzu kommt der Resonanzeffekt: Ihre Umwelt wird ebenfalls eine Veränderung Ihrer Sprachgewohnheiten bemerken. Sie werden positive Rückmeldungen anziehen. Die folgenden Sprachübungen bereiten den Weg zu diesem Ziel. Überlegen Sie für jeden abwertenden, negativen Begriff eine positive Umdeutung: „ich entscheide mich für", „ich habe Zeit", „ich wähle", „ich möchte lieber", „ich will". Ersetzen Sie von nun an das Wort „Problem" immer durch das Wort „Lernaufgabe". Beobachten Sie den Sprachschatz von anderen, die Sie als selbstbewusst und selbstsicher erleben.

Treffen Sie sich mit einem Freund oder Bekannten und achten Sie ganz bewusst auf Ihre eigene Wortwahl, wie auf die Ihres Gegenübers. Unterbrechen Sie den schnellen Fluss

Ihrer Gedanken und achten Sie auf positive Sätze, die Sie denken. Wiederholen Sie sie bewusst langsam. So können Sie verhindern, dass Ihre Gedanken in unangemessene Gedankengänge „davonrasen". Auch bei Gesprächen mit anderen können Sie diese Methode anwenden. Sie werden sich besser konzentrieren und weniger verhaspeln. Ein geschriebener Satz beeinflusst das Denken noch intensiver als ein gedachter. Das Aufschreiben von positiven Sätzen, die Sie in Ihrem Notizbuch oder auf Ihrem Schreibtisch deponieren, ist deshalb besonders hilfreich. Beispiele für solche Sätze sind:

Lampenfieber kommt und geht vorbei.

Ich kann mutig sein.

Ich kann trotz Lampenfieber kompetent sein.

Ich vertraue auf mein Können/Wissen, meine Fertigkeiten/Fähigkeiten.

Die tägliche Wiederholung solcher Sätze führt dazu, dass sie Ihnen mit der Zeit „in Fleisch und Blut" übergehen. Sie können sie auch vor dem Einschlafen nochmals bewusst wiederholen, um sie in die unbewusste Traumwelt mitzunehmen.

Das Sorgen-ABC

Für diejenigen, die gern Listen schreiben, empfehle ich eine Liste aller Probleme hinsichtlich Ihres Auftritts. Alles, was Sie nervt, frustriert und bedrückt, schreiben Sie auf eine Liste. Schreiben Sie ein A vor die wichtigsten, ein C vor die unwichtigsten. Fangen Sie mit irgendeinem A an. Entscheiden Sie, ob Sie zur Lösung beispielsweise a) Informationen einholen, b) Rat suchen, c) eine eigene Idee verfolgen oder d) das Problem als unlösbar aufgeben wollen. So hängen Sie nicht mehr zwischen Baum und Borke und bekommen wieder einen klaren Kopf.

Humor statt Katastrophenfantasien

Im Gegensatz zur pessimistischen Einstellung „Das schaffe ich nie", „Es wird schlimm enden", „Wie konnte ich bloß", „Es wird sicher schief gehen" hat der Humor eine völlig andere Sichtweise. Humor leugnet nicht die nüchterne realistische Einschätzung des eigenen Könnens auf der Bühne – er versucht sie zu verwandeln. Humor ist die Voraussetzung zur Selbstdistanzierung und damit einer der wichtigsten Schlüssel zu innerer Freiheit. Deshalb hat er auf Lampenfieber eine dämpfende Wirkung. Außerdem: Humor ist ein Stück Weisheit. Er macht die eigenen Unzulänglichkeiten erträglicher, die schweren Pannen etwas leichter und lässt in der Erinnerung Angst gelassener betrachten. Humor relativiert in dreifacher Hinsicht:

Als Befreiung vom Gebot der Stärke: „Ich muss nicht immer eine starke, festgefügte Person sein."

Als Ordnungs- und Klärungsmittel: „Ich kann alles, was sich in mir meldet, auch anders bzw. von außen betrachten."

Als Erleichterung der Selbstannahme: „Ich kann zu meinen Fehlern oder Schwächen stehen, denn sie bedeuten nicht, dass ich minderwertig bin. Ich gestehe sie mir zu, weil auch sie zu mir gehören und sein dürfen."

Alles, was vor einem Auftritt zur Relativierung beiträgt, führt auch zu einem entspannteren Umgang mit Lampenfieber. Relativierung heißt: weg von der Überhöhung der Situation, weg vom Leidensmonopol, weg von ängstlichen Unterstellungen und Katastrophenfantasien, weg von der Isolation.

Eine humorvolle Pointe zeigt, dass Sie Ihren Auftritt irgendwie beherrschen, dass Sie darüber stehen. Humor ist die besondere Fähigkeit, die Bühnensituation bereits im Vorfeld von einer scheinbaren oder angemaßten „Allein-Wichtig-keit" zu entlasten. Das Humorvolle nimmt ihr das Beängstigende und Beeindruckende. Über Humor machen Menschen eine Erfahrung des Wohlwollens, der Nachsicht gegenüber eigenen Missgeschicken, die einen trotz gewissenhaftester Vorbereitung immer wieder ereilen können. Allein schon das Wissen um die Fehler und Unzulänglichkeiten, die trotz größtem Bemühen auftreten können, vermindert das Lampenfieber. Man macht sich nichts mehr vor, weil man weiß, was möglich oder eben nicht möglich ist. Und weil man eingesehen hat, dass Perfektion weniger wichtig ist als Ausdruck und Mitteilung. Einige „Humorübungen" mögen als Beispiele für kognitive Entlastung dienen.

Gestehen Sie sich eigene Schwächen zu mit folgender Haltung:

„Es ist völlig in Ordnung und bricht mir keinen Zacken aus der Krone, wenn ich hin und wieder stolpere, patze, blockiert bin, den Faden verliere oder sprachlos bin." Wenn Sie sich versprechen (oder verspielen), korrigieren Sie sich nicht hektisch. Lächeln Sie lieber. Ein Lächeln kommt besser an und erzeugt Resonanz bei den anderen.

Denken Sie an eine vergangene Angstsituation und stellen Sie sich vor, diese Situation würde in Ihrer Fantasie zu einer Seifenblase. Pusten Sie diese fort, und schauen Sie ihr so lange hinterher, bis sie immer kleiner wird und schließlich am Horizont verschwindet.

Stellen Sie sich vor, Sie besäßen eine „Schnatterkiste", in der sich ihre „Quälgeister" befinden. Bevor Sie auf die Bühne treten, schließen Sie in Ihrer Fantasie energisch den Deckel der Kiste.

Oder stellen Sie sich vor, Sie würden die Kiste ausleeren. So gewinnen Sie zumindest kurzfristig eine „Verschnaufpause" von Ihren Quälgeistern. Legen Sie sich eine Mappe an mit dem Titel: „Gesammelter Schwachsinn", und halten Sie dort all Ihre kleineren oder größeren „Katastrophen" fest. Lesen Sie hin und wieder darin, Sie werden sich köstlich amüsieren. Stellen Sie sich die schlimmste Katastrophe vor, die Ihnen auf der Bühne passieren könnte, und fragen Sie sich: Würde ich es überleben? Was würde ich in einem Jahr darüber denken, in zehn Jahren, am Ende meines Lebens? Auf der Bühne kann paradoxerweise gerade ein Fehler zur Entspannung beitragen. Musiker berichten immer wieder von der Entlastung nach einem Fehler. Das „Allzumenschliche" hat einen eingeholt, man darf wieder ein „normaler" Mensch mit Fehlern und Schwächen sein: ein Mensch, der auf dem Weg ist.

Humorvolle Kommentare nach Fehlern sind wirksame Mittel gegen die Allmachtsanmaßung, den Überheblichkeitswahn, gegen die herrschende Mentalität, alles – auch auf der Bühne – kontrollieren zu wollen. Deshalb können Leistungsfanatiker und Ehrgeizbesessene nur selten lachen – es fehlt ihnen die Freiheit zur Selbstrelativierung. Sie bedürfen der Kontrolle und der Gewissheiten, an denen sie sich festhalten können. Im Humor werden die „Gewichte" wieder richtig verteilt. Das heißt, es vollzieht sich eine Abkehr vom überbetonten „Ich" hin zum eigenen Wesen, das man „ist". Wenn man nicht mehr übertrieben besorgt ist um seinen Vorteil, in Angst vor dem Scheitern oder dem Verlust an Anerkennung, dann können Impulse von einem höheren Ziel ihren Sinn bekommen, z.B. im Dienst einer Sache, um der Kunst willen, für die Mitmenschen. Mit solch einer Einstellung kann man nicht nur sich, sondern auch die Angst, die das Ich bedroht, verlieren. Durch folgende Humorübungen für den Fehlerausgleich wappnen Sie sich für den „Ernstfall" auf der Bühne: Wenn Sie feststellen, dass Sie sich gerade mit der Vorschrift „bloß keinen Fehler machen" unter Druck setzen, fragen Sie: „Na und?" Oder: „Was ist so schlimm daran?"

Zur allmählichen Einübung von Fehlertoleranz helfen Vorsätze wie: „Ich ärgere mich nur montags/einmal im Monat über meine Fehler." Warum nicht einmal absichtlich einen kleinen „Schnitzer" einbauen – absichtlich einmal komisch, ungeschickt, übertrieben oder karikaturhaft sein? Allein das ausgelöste Gelächter hat eine befreiende, muskulär entspannende Wirkung. Vor dem Schlafengehen fragen Sie sich: „Heute schon einen Fehler gemacht?" Wenn ja, dann können Sie zufrieden einschlafen: Es war ein guter Tag. Denken Sie daran: Kleine Fehler mag das Publikum. Schwören Sie dem Ideal allgegenwärtiger Perfektion ab; konzentrieren Sie sich stattdessen auf Ihre Entwicklungschancen.

Die Macht der Gefühle positiv nutzen

Das Terrain der Gefühle ist für den Lampenfiebrigen sicher am kompliziertesten, denn Gefühle haben die Macht, das beobachtende Ich außer Gefecht zu setzen. Gefühle teilen mit, ob eine Sache gut für uns ist oder nicht. Gefühle sind die Sprache der Betroffenheit. Sie drücken aus, dass uns ein Auftritt wichtig ist. Ohne Gefühle wären wir wie Roboter – gleichmütig, aber ohne Entwicklungschancen. Gefühle sind sinnvoll und notwendig für einen Auftritt. Deshalb ist es gut, dass wir sie haben. Aber solange sie uns beherrschen, sind wir ihnen ausgeliefert. Deswegen gilt als Leitschnur die Aussage von Assagioli, der uns nahe legt: „Deine Gefühle müssen dir folgen" (und nicht du ihnen).

Solange wir mit unseren Gefühlen nicht umgehen können, bleibt uns nur, sie zu verdrängen, zu verleugnen oder zu ignorieren. Wir haben die Neigung, unangenehme Gefühle abzuschütteln, wegzudrängen oder nicht wahrhaben zu wollen. Möglicherweise steckt dahinter die Angst, die Beschäftigung mit diesen negativen Gefühlen könne dazu führen, von ihnen beherrscht und überflutet zu werden und die Kontrolle über uns selbst zu verlieren. Das Problem ist, dass sie dann sozusagen „aus dem Hinterhalt" umso stärker wirken – sei es, dass wir uns unserer Gefühle schämen und uns als lächerlich, minderwertig oder dumm (Kompetenz) oder als gestört, krank oder unnormal (Gesundheit) oder als schlecht, verwerflich oder menschlich unzureichend (Moral) empfinden. Nicht nur Gedanken schaffen Fakten. Es gilt auch: „Gefühle sind Fakten". Gefühle sind Signale und verkörpern Regungen, die wir mehr oder weniger deutlich spüren. Versuchen wir, sie zu vertreiben oder zu verbannen, können sie Druck entwickeln, unberechenbar werden und schließlich ausbrechen. Die Macht der Gefühle führt dann dazu, dass wir uns selbst und andere quälen:

Eine ehrgeizige Schülerin, die extreme Angst vor ihrem Deutschlehrer hat, sich diese Angst aber nicht zugesteht, fällt immer wieder unangenehm durch ihre grelle, forsche Sprache und ihre patzigen Bemerkungen auf.

Ein Klavierlehrer verspürt Angst vor einer seiner Schülerinnen, die er als überlegen und überheblich empfindet. Da er unbedingt seine Autorität ihr gegenüber behalten und kein Feigling sein will, ignoriert er seine Angst und „triezt" sie besonders.

Ein Redner, der sich gesundheitlich geschwächt fühlt, empfindet diesen Zustand als „kläglich". Er beißt die Zähne zusammen und gibt sich als dynamischer, schein-souveräner Redner.

In diesen drei Beispielen werden die Gefühle übergangen oder abgelehnt, weil sie den inneren Vorschriften ihrer Träger widersprechen. Hier sind subjektive Imperative am Wirken. Von ihnen geht ein Befehl, Gebot oder Verbot aus, wie man zu sein hat beziehungsweise wie man nicht sein darf. Das bedeutet aber auch ein Verbot, Gefühle auszuhalten, wenn nicht sogar, sie anzunehmen. Womöglich scheint die Verdrängung oder Verbannung von Gefühlen erforderlich, weil wir sonst befürchten müssen, dass sie nicht kontrollierbar sein könnten. Aber das Gegenteil ist der Fall. Gefühle, die sein dürfen oder sogar willkommen geheißen werden, können Lebensenergien wachrufen und Lebendigkeit auf der Bühne in Gang bringen. Deshalb ist die Integration von Gefühlen wesentlich.

Widerstände gegen Gefühle überwinden

Um die Integration der Gefühle zu erreichen, sind zunächst drei Widerstände zu überwinden:

Wie werden die anderen reagieren?

Kann ich meinen Gefühlen trauen?
Sollte ich mich nicht lieber auf meinen Verstand verlassen?

Wenn Sie zu dem Bewältigungstyp gehören, der schwierige Situationen logisch überdenkt und sachlich angeht, so werden Sie diese Veränderungen im Umgang mit Ihren Gefühlen womöglich irritieren oder befremden. Stellen Sie sich darauf ein, dass Sie Reaktionen bei anderen erzeugen, dass Sie Gewohntes ablegen und Geduld und Zeit brauchen, bis Sie ein neues Gleichgewicht gefunden haben. Wer jahrelang mit Anweisungen gelebt hat oder hauptsächlich vom Kopf gesteuert war, ist seiner neuen Freiheit nicht gleich gewachsen. Möglich ist, dass es zu Überreaktionen oder Unbeholfenheiten kommt. Solange die Palette der Lampenfiebergefühle noch nicht integriert ist, solange die Gefühle noch nicht selbstverständliche Mitspieler auf der Bühne sind, denen man mit Gelassenheit und Augenzwinkern begegnet, kommt es zu Turbulenzen. Da hilft nur eine neugierige, versöhnliche und experimentierfreudige Haltung sich selbst gegenüber. Jeder Teil der folgenden Anregungen und Übungen kann ein Eingangstor sein, das Sie zum Kennenlernen neuer Persönlichkeitsbereiche einlädt. Schnuppern Sie deshalb auch in Übungsbereiche, die Sie bisher geflissentlich gemieden haben.

Gefühle bejahen

Statt gegen den Strom der Lampenfiebergefühle zu schwimmen, ist es nicht nur sinnvoller, sondern sogar notwendig, diese Gefühle zu bejahen. Sie können der Angst nicht entrinnen, aber Sie können sie für sich positiv nutzen. Die Annahme von Gefühlen bewirkt, dass Kräfte, die vorher in der Angst gebunden waren, frei werden. Es geht darum, mit dem Erleben der Angst in Berührung zu kommen und wahrzunehmen, was diese Gefühle mitteilen wollen. Wahrscheinlich empfinden Sie so etwas wie Aufregung – Ihr Herz schlägt

wild, Sie sind angespannt oder haben ein Schmetterlings-
gefühl im Magen. Sie erleben diese Gefühle als unangenehm,
beängstigend oder als Schwäche. Statt sie negativ zu etiket-
tieren, versuchen Sie sie als Erregung zu akzeptieren und noch
deutlicher wahrzunehmen. Vielleicht können Sie diese Gefühle sogar ein wenig genießen. Wichtig ist, dass Sie anerkennen: „Das bin ich, und ich fühle mich gerade erregt."

Gefühle intensivieren

Damit Ihr jeweiliges Erleben noch deutlicher und prägnan-
ter wird, intensivieren Sie es. Übertreiben und verstärken Sie
jede Empfindung von Spannung und Erregung. Statt Spannungen zu lockern oder zu vermindern, tun Sie zunächst genau das Gegenteil – übertreiben Sie die Spannung:

Wenn Sie beispielsweise ein Zittern in den Händen spüren, intensivieren Sie das Zittern! Zittern Sie so stark, wie Sie
können.

Wenn Sie Muskelspannungen fühlen, verstärken Sie die
Spannung in den jeweiligen Muskelpartien.

Bei kalten Händen gilt dasselbe: Konzentrieren Sie sich
auf das Kältegefühl und versuchen Sie, Ihre Hände noch
kälter zu machen.

Bleiben Sie mit Ihren Gefühlen in Kontakt und versuchen
Sie, sie zu übertreiben, indem Sie sie beispielsweise durch
Körperbewegungen ausdrücken oder indem Sie Ihre Stimme
einsetzen. Produzieren Sie Töne, Klänge oder Geräusche, die
Ihrem Gefühl entsprechen. Das Erlebte soll Prägnanz erhal-
ten. Deswegen ist Übertreibung sogar notwendig. Intensivie-
rung von Gefühlen heißt Identifikation mit meinem gegen-
wärtigen Erleben und Akzentuierung meines Erlebens. Oder:
Anerkennung und Vertiefung des eigenen Erlebens. In der
Intensivierung sind wir nicht mehr Opfer eines bestimmten

Gefühls, sondern wir gehen damit um, experimentieren damit und begeben uns in eine Position „engagierter Distanz". Wir werden zum teilnehmenden Beobachter unserer Lampenfiebergefühle. Wir nehmen eine wie Helmuth Plessner schreibt „exzentrische Position" zu unseren Gefühlen ein und sind ihnen deshalb nicht mehr ausgeliefert.

Erlauben Sie sich, ein Lampenfiebergefühl, das Sie bisher als negativ beurteilten, jetzt wahrzunehmen. Sie werden merken, wie allein das Annehmen des Gefühls zu einem anderen, neuen Gefühl führt. Gefühle sind ständig in Bewegung. Geben Sie Ihren Gefühlen die Erlaubnis, so lange da zu sein, wie sie vorhanden sind. Unterbrechen Sie die Bewegung Ihrer Gefühle nicht durch Unterdrückung. Gefühle wollen wahrgenommen und angenommen werden!

Die willentliche Herbeiführung und Übertreibung von Angstgefühlen führt zur Erfahrung, dass diese beeinflussbar sind. Wenn ich ein Gefühl übertreiben kann, dann kann ich es auch beeinflussen und verändern. Was ich verstärken und übertreiben kann, kann ich auch abschwächen. Das Prinzip der Übertreibung führt paradoxerweise geradewegs zum Nachlassen von störenden Symptomen. Die Erlaubnis zum Fühlen erzeugt einen Zustand, aus dem heraus der Körper „besser", entspannter und zielgerichteter agiert.

Drei Beispiele sollen veranschaulichen, wie man durch das Verstärken von unangenehmen Gefühlen lernen kann, sie zu verwandeln:

Sie haben Angst vor weichen, zittrigen Knien. Sagen Sie: „Die Knie sollen jetzt noch mehr zittern." Übertreiben Sie und verstärken Sie das Zittern der Knie, bis es deutlich spürbar und prägnant wird. Sie werden überrascht sein, wie das Übertreiben genau das Gegenteil bewirkt. Die Erlaubnis zum Zittern erzeugt einen Zustand, aus dem heraus der Körper wieder entspannen kann.

Sie haben Angst, rot zu werden. Sagen Sie: „Meine Wangen werden immer stärker rot, bis sie knallrot angelaufen sind." Schauen Sie in einen Spiegel und überprüfen Sie Ihre Gesichtsfarbe. Was sehen Sie?

Sie haben Angst, dass Ihre Stimme versagt. Sagen Sie: „Ich rede absichtlich leise, bis kaum ein Ton mehr herauskommt." Übertreiben Sie Ihre schwache Stimme. Sie werden erstaunt sein, wie schwer es Ihnen fällt, absichtlich Ihre Befürchtungen herbeizuführen. Das Prinzip der Übertreibung führt paradoxerweise dazu, dass Ihre Stimme wieder lebendig klingt.

Sich „Schlimm-Gefühlen" aussetzen

Wenn Sie einen Schritt weitergehen und sich direkt mit Ihrer Angst auseinandersetzen wollen: Nehmen Sie einmal das „Schlimm-Gefühl" Ihres Lampenfiebers wahr. Gehen Sie in Kontakt mit den inneren Bildern und Empfindungen, die Sie bisher immer weggeschoben haben! Was taucht auf?

Ein Beispiel: Eine Stadträtin, die große Schwierigkeiten mit dem freien Reden hat, sieht plötzlich lauter grinsende, feixende Gesichter ihrer Kollegen, die sich über sie lustig machen. Ihr Gefühl ist: „Ich werde gedemütigt." Verweilen Sie bei diesen Gefühlen, damit „das Schlimme" sich langsam entfalten kann. Lauschen, schauen, spüren Sie in sich hinein. Vielleicht ändern sich dabei Ihre Körperempfindungen oder Vorstellungen. Wenn Ihr Gefühl sich genügend verdichtet hat – bei der Stadträtin tauchte plötzlich ein traumatisches Schulerlebnis auf –, dann fragen Sie: Was ist im Zentrum des Schlimm-Gefühls? Was bräuchte diese verletzte, gekränkte, hilflose oder ängstliche Seite von mir? Welche Ressourcen besitze ich, um sie zu stärken? Welche kreativen Quellen stehen mir zur Verfügung? Was hat mir früher geholfen im Umgang mit schlimmen Gefühlen?

Konfrontation mit Gefühlen

Als Gedankenimpuls für den konfrontativen Umgang möchte ich meinen Leitsatz für Gefühle voranstellen: „Unterdrücke das Lampenfieber nicht, aber gib ihm auch nicht nach." Diese Haltung lässt sich mit einer einfachen, klassischen Technik erproben, die aus der Gestalttherapie stammt. Laura und Fritz Perls, ihre Begründer, nahmen den Gedanken Freuds auf, dass im Menschen verschiedene Instanzen miteinander im Kampf liegen können. Ihr kreativer Akt lag darin, dass sie diesen Kampf leibhaftig zur Aufführung brachten, indem sie jedem der inneren Gegenspieler einen Stuhl zuwiesen, auf den sich der Klient setzen kann, um sich mit den verschiedenen Teilen vorübergehend zu identifizieren. Bei Lampenfieber hat sich diese Methode immer wieder bewährt, weil sie dazu geeignet ist, sich mit sich selbst zu konfrontieren und außerdem, weil sie kreativ, undogmatisch und spielerisch ist. Deshalb schlage ich nun eine modifizierte Form vor, die Sie selbst praktizieren können: Stellen Sie einen Stuhl vor sich hin – Ihren Lampenfieberstuhl – und setzen Sie sich auf einen Stuhl gegenüber. Unterhalten Sie sich mit Ihrem Lampenfieber: Warum bist du da? Was willst du von mir? Was hast du mir zu sagen? Was findest du für mich nützlich? Lassen Sie sämtliche Lampenfiebergefühle in sich aufsteigen und wechseln Sie nun über zum Lampenfieberstuhl, versetzen Sie sich in die Rolle des Lampenfiebers und lassen Sie das Lampenfieber nun zu Ihnen sprechen. Sodann wechseln Sie wieder auf Ihren Stuhl. Diese Stuhlwechsel können Sie beliebig oft fortsetzen. Nach ungefähr zehn Minuten sagen Sie sich ein lautes „Stopp" und lassen den Dialog nochmals an sich vorbeiziehen. Vielleicht (oder hoffentlich) ist dann der Zeitpunkt gekommen, dass Sie den Kampf überwinden und einander als „Team" anerkennen können.

Dem Lampenfieber kreativ begegnen

Nach meiner Erfahrung unterscheiden sich Menschen vornehmlich im Tempo ihrer inneren Gefühlsumstellung. Für diejenigen, die sich nur langsam gefühlsmäßig umstellen können, weil ihre Seele sonst nicht mitkommt, sind kreative Übungsprozesse besonders geeignet. Im Gegensatz zum raschen, effektiven „Angstmanagement" ermöglichen sie ein Eingehen auf persönliche Rhythmen und Zeitbedürfnisse. Anders als bis hierher beschrieben, nähere ich mich dem Lampenfieber bei der folgenden Übung mit Papier und Farben. Nehmen Sie sich mindestens eine halbe Stunde Zeit und malen Sie Ihr Lampenfieber. Kein kunstvolles Gemälde, sondern Ihren persönlichen Ausdruck des Gefühls. Was auch immer Sie wählen – Symbole, Formen, Strichmännchen, Farben, konkrete Szenenbilder, Vignetten –, es bleibt Ihnen überlassen, welcher Ausdruck Ihnen derzeit entspricht. Eine Empfehlung: Als Grundmaterial eignen sich am besten Wachsmalkreiden und große Papierbögen (DIN A2) oder Tapetenrollen.

Lampenfieber malen

Nehmen Sie mit geschlossenen Augen Kontakt zu Ihrem Lampenfieber auf – über eine vergangene oder eine bevorstehende Auftrittssituation – und lassen Sie diese Situation nochmals vor Ihrem inneren Auge vorbeiziehen. An der Stelle, an der Ihre Gefühle am intensivsten reagieren, halten Sie inne und stellen Ihre innere Wahrnehmung auf „Schauen" ein. Wie sieht es in Ihnen aus? Welche Formen, Farben, Symbole tauchen auf? Welche Körperatmosphären und Stimmungen? Nehmen Sie wahr, was sich in Ihnen entfaltet und stellen Sie sich vor, wie das Geschaute nun durch Ihre Arme in Ihre Hände fließt.

Öffnen Sie die Augen, nehmen Sie die Stifte und malen Sie Ihr Lampenfieber. Lassen Sie sich das Bild „ins Auge fallen", nehmen Sie Kontakt zu ihm auf und spüren Sie Ihre innere Resonanz. Wie berühren Sie die Farben, die Formen? Wie empfinden Sie die Atmosphäre des Bildes? Haben Sie einen neuen Ausdruck entdeckt, den Sie zuvor so nicht hätten wahrnehmen oder benennen können? Dieser Ausdruck ist ein weiterer Schritt in Richtung Nahkontakt mit Ihrem Lampenfieber.

Durch bildliche Darstellungen lassen sich Gefühle eindrucksvoller darstellen und auch erschließen als nur mit Worten. Zeichnen und Malen als Formen der Selbstwahrnehmung eröffnen nicht nur Zugänge zu Gefühlen. Sie können sich auch konkret erfahren und ganz bewusst mit sich auseinandersetzen. Dabei ändern sich mitunter Ihre Perspektiven und Blickpunkte.

Neue Perspektiven schaffen

Nehmen Sie dieses Mal zwei große Papierbögen und Wachsmalkreiden zur Hand. Geben Sie dem einen Bogen den Titel „Mein Lampenfieber" und dem anderen „Meine innere Stärke". Lassen Sie Ihren Impulsen freien Lauf und drücken Sie aus, was jeweils in Ihnen aufkommt, ganz wie es sich zeigen will. Malen Sie möglichst zügig und spontan je ein Bild dazu. Vergleichen Sie beide Bilder und lassen Sie die Eindrücke auf sich wirken. Haben Sie neue Seiten an sich entdeckt?

Sie können auch einen zweiten Durchgang anschließen, indem Sie ein Detail, einen farblichen Komplex oder auch eine Stimmung herausgreifen und auf einem weiteren Papierbogen „vergrößern". Bisher nicht Bewusstes kann so an Kontur und Deutlichkeit gewinnen und zu neuen Einblicken führen.

Angst-Lust-Collage

Wer viel Zeit zur Verfügung hat oder ein freies Wochenende, kann sich noch weiter in die Dynamik der eigenen Gefühle vertiefen, indem er eine Collage anfertigt: Schneiden Sie dazu aus alten Zeitschriften Bilder, Sätze und Textpassagen aus, die Sie zur Darstellung Ihrer Lampenfiebergefühle verwenden können. Kleben Sie die passenden Teile auf einen großen Papierbogen, den Sie in die zwei Bereiche „Angstgefühle" und „Lustgefühle" aufgeteilt haben. Kleben Sie in die jeweiligen Bereiche all die Bilder und Texte, die diese Gefühle widerspiegeln. Lassen Sie die Collage auf sich wirken. Suchen Sie einen geeigneten Platz in Ihrer Wohnung, wo Sie Ihr „Kunstwerk" aufhängen können.

Emotionale Energie freisetzen

Bei der nächsten Übung geht es um die Schärfung Ihrer Gefühlswahrnehmung auf der körperlichen Ebene, um die Ursachen der Verspannungen aufzuspüren, die im emotionalen Bereich liegen. Unsere Muskeln bewahren Eindrücke von starken emotionalen Erlebnissen. Solange diese Muskeln nicht entspannt sind, können sich die Emotionen nicht freimachen, um zum Ausdruck zu gelangen. Setzen Sie sich auf einen Stuhl und gehen Sie in Gedanken durch ihren Körper. Stellen Sie Kontakt zu den einzelnen Bereichen her und überprüfen Sie sie auf das Vorhandensein von Spannungen. Bewegen Sie die verspannten Muskelpartien und versuchen Sie, sie zu entspannen. Die Bewegung soll von einem gleichmäßigen und schwingenden Ton „Aahhhhhh" in der Brust begleitet werden. Durch diesen Ton wird der Emotion der Weg zum Ausdruck gebahnt. Vergessen Sie nicht, daran zu denken, währenddessen die auf Entspannung zielenden Bewegungen fortzusetzen, sonst bleibt die akustische Aktion ohne Wirkung.

Falls durch die beschriebene Prozedur die emotionale Energie nicht freigesetzt wird, stoßen Sie einen heftigen, explosiven Laut aus, in den Sie alle Kraft hineinlegen: „Hah!".

Durch Trommeln einen Weg nach außen finden

Von da aus ist es nur ein kleiner Schritt zur Musik. Menschen, denen die Musik näher steht als etwa das Malen, finden in der Musik das Mittel schlechthin, um mit ihren Gefühlen in Kontakt zu kommen. Sie erinnern sich, wie ich zu Beginn dieses Abschnittes beschrieb, wie man seine Gefühle intensivieren kann. Eine musikalische Möglichkeit dafür ist das Trommeln. Beim Trommeln geht es darum, die „Musik" des eigenen Lampenfiebers zu entdecken und handhabbar zu machen. Das Trommeln mit den Händen von Haut zu Haut lässt oft mehr wissen als der Kopf. Hände können erzählen und haben ein Gedächtnis. Besorgen Sie sich eine Trommel und spielen Sie Ihre persönlichen „Lampenfieberrhythmen". Hören Sie Ihrem Spiel mit voller Aufmerksamkeit zu. Atmen Sie tief durch, und stellen Sie sich dann vor, die Trommelschläge strömen in Ihren Körper hinein und füllen jede Ihrer Körperzellen mit neuer Energie und Kraft. Sie können diese Rhythmen auch fortsetzen, indem Sie zu tanzen beginnen. Falls störende, hemmende Gedanken auftauchen, tanzen Sie ihnen einfach auf und davon.

Gefühle, die in uns köcheln und brodeln, sind oft sehr diffus. Über das Trommeln finden sie einen Weg nach außen und werden hörbar. Dabei entscheiden Sie Tempo und Lautstärke selbst: Wie viel Beat brauche ich, um mein Lampenfieber auszuspielen? Was ist der Rhythmus meiner Angstwellen?

Die Angst wegsummen

Wenn Sie nun völlig „aufgeladen" sind von Klängen und Rhythmen, dann beginnt die gelöste Entspannung. Es gibt eine sehr einfache Methode, sich vor einem Auftritt zu entspannen, die jede Mutter intuitiv einsetzt, wenn sie ihr Baby beruhigen will: Man singt oder summt leise eine Melodie vor sich hin. Vom Tennissport weiß man, dass Spieler, die eine Melodie vor sich hin summen, ihren Atem automatisch mit dem Aufschlag des Balles synchronisieren und dadurch weit gezielter schlagen können. Summen Sie eine beliebige Melodie und tauchen Sie in den beruhigenden Wohlklang Ihrer Melodie ein. Lassen Sie Ihren Atem ruhig fließen. Stellen Sie sich vor, wie Sie Ton für Ton Ihre Angst „wegsummen".

IV

Auftritte souverän meistern

Selbstbewusst und authentisch auf der Bühne

Auf der Bühne sind wir herausgefordert, nicht nur mit Leistungen, Kompetenzen oder Produkten zu glänzen, sondern auch mit unserer Persönlichkeit: Wie trete ich auf? Wie reagiere ich auf andere? Wie wirke ich auf andere? Wofür stehe ich? Was fällt mir schwer? Darin liegt eine Chance – aber auch eine Gefahr. Die Chance ist, dass die Entwicklung der Persönlichkeit nicht mehr nur Privatsache ist, sondern auch zur öffentlichen Herausforderung wird. Die Gefahr ist: Die einseitige Ausrichtung auf Wirkung und ein optimales Image könnte dazu führen, dass man nur noch besorgt ist, „sich zu verkaufen" und dabei den Kontakt zu wesentlichen Persönlichkeitsanteilen verliert. Auf die Frage: Worum geht es auf der Bühne? möchte ich den Begriff „Stimmigkeit" gebrauchen. Stimmigkeit bedeutet in „Übereinstimmung mit dem Charakter der Bühnensituation und meiner inneren Verfassung" zu sein. Sie ist dann gegeben, wenn mein Ausdruck und mein Auftreten meinem inneren Befinden entsprechen und übergreifend auch in Übereinstimmung mit dem äußeren Anliegen meines Auftritts. Dieser zweite Aspekt ist wesentlich. In Übereinstimmung mit der Bühnensituation werde ich beispielsweise deutlicher und bewusster sprechen, als ich es zu Hause gewohnt bin. Oder ich werde mich der Situation gemäß kleiden. Stimmige Bühnenkommunikation enthält einen doppelten Auftrag: einerseits „das mir Gemäße" mitzuteilen, das heißt, die Übereinstimmung zwischen meinem inneren Befinden und äußeren Verhalten, andererseits aber übergreifend auch die Übereinstimmung mit den Erwartungen der verschiedenen Bühnen des Lebens zu meistern.

Selbstbewusst auftreten

Selbstbewusstes Auftreten kann und soll man üben. Auch im Zustand von Lampenfieber kann man selbstsicher auftreten, indem man über die äußere Haltung auf die innere einwirkt. Das bloße Einnehmen einer Position der Souveränität, das Vollziehen dieser Bewegungen, das „Einsteigen" in dieses Muster lassen die entsprechenden Gefühle aufkommen:

eine Mimik, die Sicherheit und Souveränität signalisiert,

eine Ausdrucksbewegung der Hände, die eine lockere Spannung haben,

eine Kopfhaltung, die Beherrschung der Situation signalisiert,

einen Gang, der leicht und federnd ist und nicht schwerfällig oder hektisch.

Souveräne Haltung, stimmige Gestik und Mimik fördern das Aufkommen dieser Gefühle. Die Wirkung dieses „so tun als ob" geht sozusagen von außen nach innen. Wir werden zu dem, was wir scheinen. Eine Autosuggestion ist dabei am Werk, die keineswegs bloße Einbildung ist, sondern eine reale Mobilisierung der eigenen Kraft mit sich bringt. Je besser diese Haltung eingeübt ist und dadurch abrufbar wird, desto geschickter können wir auch mit schwierigen oder überraschenden Situationen auf der Bühne umgehen. So ist es beispielsweise lernbar, mit kleinen Pannen oder Fehlern souverän umzugehen, sie nicht als peinliche Blamage zu erleben, indem man lächelt. Lächeln verändert nicht nur die körperliche Spannung, es produziert auch einen veränderten selbstbewussten Zustand und lockt bei den anderen ebenfalls ein Lächeln hervor. Auch ist es taktisch klüger, aus mehreren kleinen Erfolgserlebnissen neues Selbstbewusstsein für größere Vorhaben aufzubauen, als gleich beim ersten Mal („Jetzt sage ich allen die Meinung") zu scheitern.

Fangen Sie mit kleinen Schritten an. Sind Sie Kritisieren nicht gewöhnt und noch unsicher? Üben Sie erst einmal in einem Restaurant. Oder bei Menschen, die Ihnen nicht so nahe stehen. Testen Sie Ihr Selbstbewusstsein, indem Sie Wünsche äußern oder Angebote ablehnen. Wenn Sie bei dem Gedanken an eine kommende Herausforderung Herzklopfen verspüren, ist das meist ein Zeichen, dass dieser Schritt noch zu groß ist. Lassen Sie sich Zeit – aber bleiben Sie mit kleinen Schritten am Ball.

Königs-Übung

Für den unmittelbar bevorstehenden Auftritt und während des Auftritts empfehle ich die Königs-Übung: Stellen Sie sich vor einem Auftritt vor, Sie seien eine Königin (bzw. ein König). Malen Sie sich aus, wie Sie gekleidet wären. Setzen Sie sich in Gedanken eine Krone auf. Behalten Sie diese Vorstellung bei, während Sie den Raum Ihres Auftritts betreten. Gehen Sie aufrecht und würdevoll (als wäre der Kopf hinten an den Haaren hochgezogen). Bewegen Sie sich ruhig und gleichmäßig.

Den inneren Regisseur walten lassen

Wie lässt sich die Rolle auf der Bühne, die nach einer sichtbaren „Vorderseite" der Persönlichkeit verlangt, in Einklang bringen mit der unsichtbaren „Rückseite" der Persönlichkeit, d.h. mit jenen Gefühlen, von denen wir empfinden, dass sie auch noch da sind, aber nicht zu ihrem Recht kommen? Jeder Mensch verfügt auf Grund seiner Lebensgeschichte über ein paar Eigenschaften, die besonders „bühnenerprobt" sind und seine Wirkung nach außen bestimmen. Aber im „Hintergrund" dieser Bühne gehören viele andere Persönlichkeitsanteile, z.B. die Scham, die Unsicherheit, die Empfindlichkeit, die Kränkbarkeit dazu. Sie machen ihn zum Teil sehr verletzlich, schutzbedürftig, lichtscheu oder ängstlich, so dass er sich am liebsten verstecken würde und heilfroh ist, wenn man diese Anteile nicht sieht. Dieses Kräftespiel auf der Bühne zu organisieren, ist Aufgabe des „inneren Regisseurs", der die innere Harmonie zu wahren und den Erfordernissen auf der Bühne und den Erwartungen des Publikums gerecht werden soll. Keine leichte Aufgabe, denn wenn er nur die Kräfte in das Rampenlicht treten lässt, die den Erfolg sichern, und die anderen unterdrückt, dann kann es im Inneren zu einem schlechten Klima, zu Boykott oder Verweigerung führen. Davon ist die Rede, wenn jemand beispielsweise klagt: „Ich spiele abends den dynamischen Entertainer, aber in mir drinnen fühlt sich alles sinnlos, öde und leer an." Während das Publikum immer nur die „Schokoladenseite" eines Darstellers zu Gesicht bekommt, hat der innere Regisseur es stets auch mit seiner Schattenseite zu tun. Das mag situativ sehr verschieden sein: jemand zeigt sich vor Publikum voller Energie und Humor, aber im Hintergrund meldet sich auch seine andere Hälfte, die zweifelnd fragt: „Was soll das alles? Wozu mache ich das eigentlich?" Oder ein anderer, der sich als souveräner Experte zeigt, wird plötzlich von einer ratlosen Schattenfigur verunsichert: „Bist du wirklich so sicher? Hast du den Mund nicht zu voll genommen? Hast du nicht mehr versprochen, als du einhalten kannst?". Die jeweiligen Schattenseiten können individuell unterschiedlich sein, dennoch lassen sich hauptsächlich fünf Typen aufzeigen, die immer wieder auftreten:

Da wäre beispielsweise *„der Schneckenhäusler"*, der sich am liebsten zurückziehen würde und viel lieber allein wäre, der jeden Auftritt als Höchstanstrengung erlebt und froh ist, wenn er sich entziehen kann.

„Der Strahlende", von dem jeder erwartet, dass er mit seiner Fröhlichkeit ansteckt, der sich ständig zusammennimmt, damit niemand von seiner inneren Traurigkeit erfährt.

„Der Hilfsbereite", der stets anderen Unterstützung gibt und sich nicht eingestehen darf, dass er selbst auch jemanden braucht, der ihn auffängt.

„Der Selbstbewusste", der seine Selbstzweifel ständig in Schach hält, um nach außen Sicherheit zu demonstrieren.

Oder *„der Witzige"*, der jede Situation mit Humor und Schlagfertigkeit meistert und innerlich voller Aggression und Bissigkeit steckt.

Wie kann der „innere Regisseur" bei Bühnenauftritten helfen? Der erste Schritt besteht darin, dass er diese ängstlichen, bühnenscheuen inneren Anteile prinzipiell anerkennt und würdigt. Damit ist schon viel gewonnen. Der zweite Schritt besteht nun darin, sich mit diesen ängstlichen, bühnenscheuen Anteilen auseinanderzusetzen. Entlassen oder vertreiben wäre eine Lösung, die aber nicht möglich und auch nicht wünschenswert ist, da das Lampenfieber ja notwendig ist, damit wir unser Bestes geben. Es geht also darum, den verborgenen Wert des „Widersachers" Lampenfieber zu ermitteln.

Bühnenausstrahlung

Der eine hat Ausstrahlung, der andere nicht. Manche betreten die Bühne – und es herrscht atemlose Stille im Raum. Andere strengen sich nach Leibeskräften an und haben jedes Detail sorgsam einstudiert – und ernten nur einen Pflichtapplaus. Wie ist diese Gabe der Bühnenausstrahlung zu erklären? Sie ist eine schwer fassliche Eigenschaft, die mit „Schönheit" im klassischen Sinn nur wenig zu tun hat.

Eine positive Ausstrahlung hängt zusammen mit der Übereinstimmung zwischen dem, was jemand sagt oder tut, und seinem Wesen. Beides ist miteinander verwachsen und wird von außen als Echtheit erlebt. Eine positive Ausstrahlung ist auch eine Frage des Understatements: sich seiner Wirkung bewusst sein, ohne sie gegen andere Personen auszuspielen. Für den Bamberger Sozialpsychologen Lothar Laux geht es dabei um die Vermittlung von Selbstqualitäten, in deren Besitz sich der Darsteller weiß. Das heißt: Ausstrahlung setzt Selbstwertgefühl voraus. Wer beispielsweise insgeheim überzeugt ist, mit sich selbst „keinen Staat machen" oder „keine gute Figur abgeben" zu können – also ein schwaches Selbstwertgefühl hat –, wird auch keine Ausstrahlung besitzen. Aber auch Menschen mit einem überhöhten Selbstwertgefühl werden von anderen eher als abstoßend empfunden, wie die Psychologin Astrid Schütz in ihren Studien zeigen konnte. Dieses Ergebnis bestätigt, dass hemmungslose Selbstdarsteller letztlich wenig Ausstrahlung besitzen. Sie erregen zwar Aufmerksamkeit, aber sie ernten keine Sympathie.

Menschen mit Ausstrahlung haben die Gabe, in vollständiger Übereinstimmung mit dem eigenen Tun im Augenblick zu sein. Sie können ihre Kräfte bündeln und sich auf ihre Aufgabe konzentrieren. Das Entscheidende: Sie können nicht nur sich selbst akzeptieren, sondern sie geben auch anderen in ihrer Gegenwart das Gefühl, dass sie bedeutsam und der Beachtung wert sind. Die Ausstrahlung auf der Bühne hängt somit entscheidend von der inneren und äußeren Haltung ab. Selbst im Zustand des Lampenfiebers können Sie schauspielerisch eine selbstsichere Haltung einnehmen. Der Vorteil: Sie lernen durch die äußere Verstellung, Ihrem Ideal innerlich näher zu kommen. Die zunächst aufgesetzte Maske kann einen erwünschten Zustand herbeiführen: Sie werden selbstsicherer.

Authentizität oder dramaturgische Bewusstheit?

Wer sich vor anderen darstellt, hat nicht die Wahl, ob er schauspielern will oder nicht. Er hat nur die Wahl, ob er seine Rolle gut oder schlecht spielt. Die Ausstrahlung, die jemand auf der Bühne hat, hängt also entscheidend davon ab, ob er seine Rolle in dieser Situation als Redner, Prüfling, Leiter, Lehrer, Dirigent vollkommen akzeptiert. Es macht einen großen Unterschied, ob ein Auftritt als Forderung oder als aktive Erfüllung einer innerlich bejahten Aufgabe erlebt wird. Manche tun so, als sei „Eindrucksmanagement" eine lästige Sache, wenn sie sich für einen Vortrag einen Anzug oder ein Kostüm anziehen. Aber wie wir uns darstellen, sagt etwas darüber aus, wie wir einen Auftritt einschätzen.

Lässige Kleidung signalisiert, dass man seinem Auftritt keine besondere Wichtigkeit beimisst. Der Resonanzeffekt ist: Auch das Publikum folgert daraus, dass es dem Ereignis nur alltägliche Bedeutung beizumessen braucht. Aber auch der Auftretende, der sich „overdressed" zeigt, teilt viel über sich selbst und die hohe Bedeutung mit, die er dem Auftritt verleiht. Weil Bühnenauftritte eine komplexe Form der Kommunikation sind, geht es letztlich um die Balance zwischen Authentizität und dramaturgischer Bewusstheit. Wer auf der Bühne zu sehr abweicht von dem, was er ist, wirkt schnell peinlich. Wer aber zu sehr abweicht von dem, was das Publikum erwartet, erzeugt Abwehr. Ausschlaggebend ist das Maß, in dem der natürliche Hang zur Schauspielerei ausgelebt wird. Und entscheidend ist das, was der Zuschauer oder Zuhörer aus den Botschaften entziffern kann. Authentizität auf der Bühne ist ein Phänomen, das man sich nicht verordnen kann. Jedes erzwungene Bemühen erzeugt höchstens Scheinfassaden, weil Echtheit sich ergeben muss. Was man aber dazu beitragen kann, ist eine innere Haltung, die von einem entwickelten Selbstwertgefühl ausgeht und dadurch nach außen strahlen kann.

Positive innere Haltung

Hier eine Vorübung, um eine positive innere Haltung auf der
Bühne zu erreichen. Erinnern Sie sich an ein positives Erlebnis. Lassen Sie es in der Vorstellung wieder lebendig werden.
Notieren Sie die zehn wichtigsten Erfolgserlebnisse des letzten Jahres. Was ist Ihnen gut gelungen? Denken Sie an Begebenheiten, die Sie trotz Lampenfieber durchgestanden haben. Überlegen Sie: Durch welche Eigenschaften, Ressourcen
habe ich die jeweilige Situation gemeistert? Geben Sie diesen
Elementen Wertschätzung.

Der erste Eindruck zählt: Bewegung und Haltung

Für den ersten Eindruck auf der Bühne gibt es keine zweite Chance. In den ersten Sekunden eines Auftritts wird eine Unmenge von Informationen aufgenommen, die langfristig weiterwirken und die Einstellung der Zuschauer oder Zuhörer beeinflussen. Es gilt, sich die Chance des ersten Eindrucks zu eigen zu machen und sie nicht dem Zufall zu überlassen oder einfach zu verschenken.

Um einen optimalen persönlichen Ausdruck auch unter Lampenfieber auf der Bühne zu erreichen, steht uns der eigene Körper zur Verfügung: Bewegung und Haltung. Mittels gezielter Haltungs- und Bewegungskorrekturen lässt sich ein Großteil störender Spannungen abbauen. Im Zustand des Lampenfiebers neigen wir zur Verengung oder Schrumpfung unserer Ausdrucksbewegungen.

Unbeweglichkeit fördert Lampenfieber – und Lampenfieber führt zur Unbeweglichkeit. Wir verkleinern uns buchstäblich, ziehen den Kopf ein, der Hals wird verkürzt, die Schultern werden nach oben gezogen, die Arme werden angezogen und angespannt. Dieses Sich-klein-Machen geht einher mit der Unterdrückung von Bewegung und Beweglichkeit und führt deshalb zu unterdrücktem Ausdruck. Aus diesem Kreislauf gilt es auszubrechen durch den Einsatz von kleinen Bewegungen, die ungewollte Verspannungen und Fixierungen auflösen und durchlässig machen.

Es geht darum, aus der Starre der Angst in eine flüssige Bewegung zu gelangen. Dadurch wird die Nervosität zwar nicht abgelegt, aber man kann sie unterwandern durch kleine willkürliche Bewegungen:

mit einem Gesicht, das Gefühle zeigt,
mit den Händen, die kleine Wellenbewegungen ausführen,
mit dem ganzen Körper, der mit dem Wechsel von Spannung und Entspannung „spielt".

Die Bewegungen, die von selbst kommen, stimmen meistens. Sie entwickeln sich nämlich aus der eigenen Körperlichkeit und aus der eigenen geistigen Haltung. Auf der Bühne darf man seine Bewegungen ruhig ein wenig übertreiben, so lange sie nicht ablenken oder von der Sache wegführen. Das bedeutet also nicht hin und her trippeln oder hin und her gehen – das wirkt ängstlich und unruhig und überträgt sich auf die Zuschauer oder Zuhörer. Willkürliche Bewegungen des Gesichts, der Hände und des ganzen Körpers, die das Vorgetragene unterstützen, können der verspannten Muskulatur neue sanfte Impulse geben. So entstehen beispielsweise durch eine kurze Anspannung der Handgelenke Veränderungen in der Schultermuskulatur, oder durch eine leichte Veränderung der Kniegelenke kommt es zu Veränderungen im Beckenbereich. Im Körper ist alles verbunden: Eine geringfügige Veränderung in einem Körperteil führt zu einer Reaktion an anderen Körperstellen. Spielen und experimentieren Sie mit diesen kleinen willkürlichen Bewegungen, wobei die Betonung auf „kleinen Bewegungen" liegt, denn große Bewegungen können wieder zu Verspannungen an anderen Körperstellen führen.

Auf der Bühne gilt: Je mehr Bewegung, desto besser! Kleine kontrollierte Bewegungen fördern die Durchlässigkeit und als Konsequenz die Gelassenheit. Steif und starr auf der Bühne zu stehen verursacht dahingegen Anspannungen und somit Ängste. Viele verstecken deshalb ihre Hände und Arme hinter dem Rücken, wenn sie vor anderen reden. Die (zumindest von den Zuschauern so verstandene) Botschaft der versteckten Hände lautet: „Ich habe Angst vor euch" „ich habe etwas zu verstecken" „ich will nichts mit euch zu tun haben."

Wer Kontakt herstellen möchte, muss sich offen dafür zeigen. Das geschieht, wenn die Hände und Arme nach vorn geöffnet werden. So verringert sich der Abstand zu den anderen. Manchmal ist es sogar während eines Auftritts sinnvoll, eine bewusste Anspannung (z. B. der Hände) herbeizuführen, um anschließend die Muskeln rasch wieder zu entspannen. Kurze willentlich provozierte Anspannungen und Bewegungen wirken dem Lampenfieber entgegen, weil sie den körperlichen Bewegungsspielraum vergrößern und den Fluchtimpuls in einen Angriffsimpuls umdeuten und ihn unterstützen. Aktive Bewegungen sind das einzige Mittel gegen die Starre des Lampenfiebers.

Vorbereitende Bewegungsübungen für den Auftritt

Die folgenden Übungen sind Anregungen, die Ihre Muskeln und Gelenke beweglicher machen. Darüber hinaus wirken sie sich auf die Atmung aus – sie wird freier. Entwickeln Sie aus diesen Anregungen Ihre eigenen Bewegungsmöglichkeiten, so dass Sie auch in heiklen Bühnensituationen spontan handeln können. Eine bewusst herbeigeführte Bewegung Ihres Körpers führt immer auch zu gedanklichen und gefühlsmäßigen Neuorientierungen. Die folgende aufwärmende Dehn- und Streckübung wirkt der Starre der Angst entgegen. Auch auf der Bühne kann man sie in der Erinnerung nachvollziehen, um dem Sich-klein-Machen entgegenzuwirken.

Dehnen und Strecken

Strecken Sie sich. Stellen Sie sich vor, Ihr Körper bestehe aus dehnbarem Material, das sich in sämtliche Richtungen ausdehnen lässt. Konzentrieren Sie sich auf Ihre Arme: Stellen Sie sich vor, wie sie anwachsen und immer länger werden, bis sie zur doppelten Länge angewachsen sind. Wiederholen Sie das gleiche mit den Beinen. Lassen Sie auch Ihren Oberkörper von den Hüften an langsam aufwärts anwachsen.

Kennen Sie weiche Knie? Wenn Sie das Gefühl kennen, dass Ihre Knie weich und zittrig werden und Sie Angst haben zu versagen, dann helfen Beinstärkungsübungen, die Sie kurz vor dem Auftritt durchführen. Sie werden danach mit einem neuen „Beingefühl" auf dem Boden stehen. Gehen Sie stampfend durch einen Raum und spüren Sie die Kraft in Ihren Beinen. Schütteln Sie Ihre Beine aus und spannen Sie sie wieder an, indem Sie Ihre beiden Beine nacheinander gegen eine Wand stemmen, so kräftig Sie können. Entspannen Sie wieder.

Eine Variante dazu: Setzen Sie sich auf einen Stuhl und strecken Sie die Beine waagrecht aus. Spannen Sie die Oberschenkelmuskulatur so stark wie möglich an. Halten Sie die Spannung möglichst lange (ca. 10 Sekunden) und lassen Sie dann die Beine wieder nach unten sinken. Spüren Sie, wie die Entspannung sich über den ganzen Körper ausbreitet?

Verkrampfter Nacken, verspannte Schultern

Verkrampfungen im Nacken lassen sich lösen, wenn Sie Ihren Hals langsam hin und her drehen. Dadurch dehnen sich die Muskeln im Nackenbereich. Zusätzlich lösen sich Nackenspannungen, wenn Sie mit den Fingerspitzen unterhalb der Ohren kreisende Bewegungen durchführen. Beachten Sie bitte bei dieser wie den folgenden Übungen zur Erleichterung der „Last auf den Schultern" und Entspannungsübungen folgendes: Jede Übung beginnt mit dem Ausatmen. Sobald ein Übungsteil anstrengend wird, betonen Sie grundsätzlich das Ausatmen.

Ziehen Sie Ihre Schultern so weit zurück, dass sie sich fast berühren. Oder ziehen Sie erst die eine Schulter nach oben und lassen Sie die andere nach unten „fallen" und dann die andere Schulter. Drehen Sie den Kopf ganz langsam von rechts nach links und zurück. So verbessern sich die Beweglichkeit und der Bewegungsradius des Kopfes.

Oder: Lehnen Sie den Kopf langsam und behutsam so weit wie möglich zurück. Sie selbst spüren, wie weit Sie gehen können. Bewegen Sie dann den Kopf genauso langsam wieder nach vorn in die normale Ausgangsposition.

Die Wirkung des Blickkontaktes

Neben der Stimme und der Sprache ist das Auge ein wichtiges Kommunikationsmedium. Nicht ohne Grund gibt es die Redensart „im Fokus der Öffentlichkeit stehen". Menschen, die sich auf der Bühne mit einem sprechenden, offenen Blick zeigen, stiften Verbindung, Kontakt oder Begegnung. Manche meinen, es sei unhöflich, andere Menschen direkt anzuschauen. Auf der Bühne gilt das Gegenteil. Wer keinen Blickkontakt aufnehmen und aushalten kann, erzeugt Abwehr. Die Hörer oder Zuschauer brauchen Blickkontakt. Wenn ich als Auftretender ihnen diesen Augenkontakt nicht schenke, erzeuge ich Distanz. Die Zuhörer entziehen sich und entwickeln sogar mitunter Aggressionsgefühle. Zuhörer fühlen sich persönlich angesprochen, wenn man sie anschaut. Sie nehmen Inhalte besser auf, wenn sie angeschaut werden. Deswegen ist der Blick mehr als nur eine Freundlichkeit. Er ist ein zusätzliches Medium, das die eigene Persönlichkeit verstärkt. Es gibt Untersuchungen über die Wirkung des Blickkontaktes, die eine zentrale Erkenntnis geliefert haben: Dort, wo mit Blickkontakt kommuniziert wird, bleibt mehr im Gedächtnis der anderen haften.

Häufig verläuft der Blickkontakt mechanisch, beispielsweise wenn Menschen sich begrüßen. Man schaut sich kaum an und versteckt sich hinter sozialen Masken. Dadurch bleiben viele Kontaktmöglichkeiten so denkwürdig folgenlos. Menschen fühlen sich nicht beachtet, sie ziehen sich förmlich zusammen, wenn sie sich unter der Wirkung solcher mechanischer Blicke nicht gemeint fühlen. Es wäre eine Bereicherung, wenn wir in unsere Bühnen- und Grußrituale etwas von der Haltung übernehmen könnten, die bei einigen afrikanischen Stämmen durch die übliche Grußformel: „Ich sehe dich", ausgedrückt wird.

Blickkontakte fördern

Ungeübte schweifen auf der Bühne mit ihren Blicken ins Leere. Sie weichen den Zuschauern oder Hörern aus. Manche gucken auf den Boden, andere an die Decke und wieder andere schauen aus dem Fenster. Prüfen Sie selbst: Sind Sie ein Bodengucker, ein Deckengucker oder ein Fenstergucker? Die beiden folgenden Übungen sind dafür geeignet, beim Vortragen von Texten den Blickkontakt mit dem Publikum zu fördern.

Blickkontaktübung

Sie lesen so viele Worte Ihres Textes, wie Sie behalten können. Sie lesen nur, ohne dabei zu sprechen. Dann blicken Sie auf, suchen den Blickkontakt mit den Hörern und sprechen erst dann die vorher gelesenen Worte. Wenn Sie sie ausgesprochen haben, sehen Sie Ihre Hörer nochmals an, und erst dann sehen Sie wieder nach unten und lesen wieder so viele Worte, wie Sie ohne Mühe behalten können.

Auf diese Art wird das Vorlesen zu einem Vortragen, weil der Hörer immer wieder Blickkontakt mit Ihnen hat. Ein weiterer Vorteil: Es entstehen immer wieder kleine Pausen, die nicht nur den Hörern Verarbeitungszeit geben, sondern auch den Vortragenden ruhiger machen und sicherer werden lassen.

Augendialog

Stellen Sie sich vor, Sie halten eine Rede. Sie nehmen mit den Zuhörern Augenkontakt auf. Ihr Blick wandert durch den Raum, da gibt es freundliche, gelangweilte, verkniffene, erwartungsvolle und gespannte Augenpaare. Suchen Sie sich ein Augenpaar aus, bei dem Sie sich besonders wohl fühlen. Verharren Sie eine Weile. Dann gehen Sie weiter. Später, während Sie sprechen, kehren Sie wieder zu Ihrem gewählten Augenpaar zurück. Genießen Sie das Wohlwollen und die Zustimmung, die Sie verspüren.

Das schönste Geschenk für ein Publikum ist ein lächelnder Blick. Er ist wie ein Wink, der die anderen einlädt, sie einbezieht und ihnen Wertschätzung gibt. Es stärkt uns nicht nur selbst, wenn wir mit den Augen lächeln, sondern auch die anderen, die sich dadurch bestätigt fühlen. Eine spielerische, weite Einstellung, gepaart mit einem entwaffnenden Lächeln, ist einer der kostbarsten Beiträge im Umgang mit Lampenfieber. Es überbrückt Differenzen, Spannungen, Fehler und bewirkt eine zustimmende, warme Atmosphäre.

Der Notfallkoffer – Erste Hilfe bei Lampenfieber

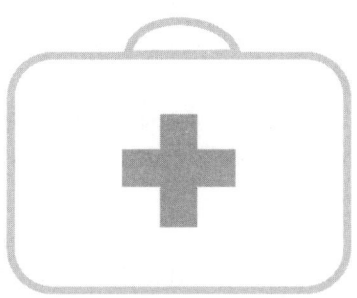

Ich möchte nun gezielt auf bestimmte Symptome zu sprechen kommen und auf Techniken eingehen, die Sie sozusagen im „letzten Moment" unmittelbar vor einem Auftritt einsetzen können. Sie sind für Ihren „Notfallkoffer" gedacht. In Ihrem Notfallkoffer soll sich all das befinden, was Ihnen unmittelbar vor einem Auftritt hilfreich sein könnte.

Grundsätzlich gilt auch bei diesen Übungen, dass Sie Ihre Symptome erst einmal intensivieren und prägnant machen, um sie dann zu lösen und zu neutralisieren.

Katastrophen-Gefühle

1. Denken Sie an Ihre Angst und sprechen Sie das Alphabet rückwärts.

2. Denken Sie an Ihre Angst und sagen Sie die Achter-Reihe im Einmaleins (8, 16, 24, 32 ...) oder eine andere Reihe auf.

3. Denken Sie an Ihre Angst und rollen Sie gleichzeitig die Augen abwechselnd rechts und links herum.

Wut fühlen

1. „Wenn meine Wut sprechen könnte." Setzen Sie die Füße flach auf, Hände auf die Oberschenkel und äußern Sie alles, was Ihnen in den Sinn kommt, als wären Sie die personifizierte Wut.

2. Schimpfen und schnauben Sie und getrauen Sie sich, so richtig Dampf abzulassen.

3. Anschließend nehmen Sie ein paar tiefe Atemzüge und gähnen hemmungslos.

Sich geistig angespannt fühlen

1. Stellen Sie sich vor, Sie lassen die überschüssige geistige Energie durch die Augenlider heraussickern.

2. Massieren Sie den Bereich seitlich der Nase dort, wo die dicken Muskeln sitzen, die zu Mund und Kinn führen. So verschwindet geistige Anspannung.

Sich verkrampft und unlebendig fühlen

1. Stimmen Sie aus der Brust heraus eine Melodie an (nicht aus der Kehle) und folgen Sie ihr.

2. Tun Sie alles, was die Melodie von Ihnen verlangt. Folgen Sie den Impulsen der Melodie.

3. Übersetzen Sie die Melodieimpulse in körperlichen Ausdruck.

Körperliche Anspannung

1. Setzen Sie sich in Bewegung und gehen Sie durch den Raum.

2. Während Sie gehen, denken Sie an etwas Schönes, z.B. an einen Film, an eine Landschaft, an eine interessante Begegnung oder an ein Tier, das Sie mögen. Sie werden merken: Ihr Körper entspannt sich dabei.

Verkrampfte Gesichtsmuskulatur

1. Lassen Sie den Unterkiefer leicht hängen. Schieben Sie ihn vor und zurück, auf und ab und im Kreis, bis Sie eine Lockerung spüren.

2. Machen Sie übertriebene Grimassen. Sie können dazu auch Geräusche oder Töne von sich geben.

3. Gähnen Sie lange und ausgiebig.

Müdigkeit und Schlaffheit

1. Schüttelübung: Stellen Sie sich vor, eine klebrige Masse hängt an Ihrem Körper, die Sie loswerden wollen.

2. Schütteln Sie sich kräftig und geben Sie dazu Laute von sich. Spüren Sie die Lebendigkeit, die aufkommt?

Zu wenig Energie

1. Gähnen und massieren Sie dabei leicht das Kiefergelenk.

2. Massieren Sie vor allem die verspannten Stellen des Kiefers.

Kalte Hände

1. Machen Sie große kreisförmige Bewegungen – wie eine Windmühle – mit gestreckten Armen über Ihrem Kopf und Rücken.

2. Schütteln Sie sich mit dem ganzen Körper wie ein aufgeregter Schmetterling. Lassen Sie dabei die Zunge heraushängen, auch wenn es nicht sehr intelligent aussieht.

Kalte Füße

1. Schütteln Sie Ihre Beine und Füße kräftig aus, stampfen Sie oder veranstalten Sie einen wilden Tanz.

2. Geben Sie sich eine Fußmassage – oder besser noch – lassen Sie sich eine Fußmassage geben.

3. Gehen Sie in die Hocke und verharren Sie so. Ihre Füße stehen im Abstand von ca. 20 cm in Parallelstellung. Die Fersen ruhen auf dem Boden, das Körpergewicht lagert auf den Fußballen.

Schmetterlinge im Bauch

1. Geben Sie sich eine Bauchmassage – in kreisförmigen Bewegungen mit beiden Händen zur gleichen Zeit.

2. Legen Sie dann die rechte Hand auf Ihre Herzgegend. Konzentrieren Sie sich auf das Entspannungsgefühl, das vom Bauch aus nach außen strömt.

Verwirrung

1. Vertiefte Atmung: Einatmen, den Atem viermal so lange anhalten, wie Sie eingeatmet haben.

2. Dann doppelt so lange ausatmen, wie Sie eingeatmet haben.

Nervosität

1. Spritzen Sie sich bei Nervosität vor einem Auftritt kaltes Wasser ins Gesicht.

2. Oder trinken Sie möglichst zügig ein Glas kaltes Wasser.

3. Oder tauchen Sie Ihr Gesicht kurz unter kaltes Wasser („Tauchreflex").

Nicht loslassen können

1. Legen Sie sich flach auf den Boden und entspannen Sie sich. Stellen Sie sich vor, wie Ihr Körper in den Boden einsinkt und dabei immer schwerer wird.

2. Bleiben Sie eine Weile liegen. Dann ballen Sie beide Fäuste ein paar Mal und kommen langsam in die Realität zurück.

Schlussbemerkung

Wie auf der Bühne: Der Schluss ist noch wichtiger als der Anfang. Die letzten Worte nimmt der Leser oder Zuhörer mit nach Hause. Der Schluss bleibt im Ohr und in der Erinnerung. Ungeschickte Redner erkennt man daran, dass sie einen im Unklaren lassen, ob sie nun fertig sind oder noch etwas sagen wollen.

Mein Schluss an dieser Stelle des Buches ist eindeutig. Ich wünsche meinen Leserinnen und Lesern, dass sie zumindest gedanklich nachvollziehen können, dass sogar bei Lampenfieber Angst in Mut verwandelt werden kann. In der Regel sind es nicht die gestellten Aufgaben, die Angst machen. Vielmehr bereiten die Vorstellungen über negative Bewertungen oder Beurteilungen Unbehagen. Wer sich mit seinem Lampenfieber beschäftigt, kümmert sich um sein Leben und lernt es als Begleiter und Botschafter zu akzeptieren. Lampenfieber will mit uns ins Gespräch kommen, und darf deswegen nicht abgewehrt werden, weil die in ihm enthaltenen Fragen nach Antworten suchen, die unser Leben benötigt. Statt Leugnung oder Bekämpfung der Angst brauchen Menschen eine annehmende und verstehende Auseinandersetzung mit den in den verschiedenen Symptomen sichtbar werdenden Gestaltungen ihrer Angst.

Lampenfieber lässt sich gedanklich, leiblich und seelisch von Angst in Mut verwandeln, indem man lernt, mit der Angst umzugehen, sie zu nutzen und ihre Botschaften zu entschlüsseln – aber nicht frontal, nicht mit starren Prinzipien oder harten Strategien. Prinzipien sind immer leicht verdächtig. Kleine Schritte im Umgang mit einem großen Gefühl, kleine Verschwörungen und Listen gegen den unberechenbaren „Widersacher" machen ihn und uns selbst sympathischer. Außerdem entlasten sie, machen uns leichter und helfen uns, dass wir auch bei großen, wichtigen Anlässen den Humor nicht verlieren.

Wenn Sie eines Tages zu Ihrem Lampenfieber sagen können: „Du machst mir zwar manchmal das Leben schwer, trotzdem geb' ich dich nicht mehr her" – dann hat dieses Buch seinen Sinn erfüllt.

In dem Maße, in dem die Entwicklung dieses Buches eine eigene Dynamik entwickelte, geriet vieles von dem, was ich schon geschrieben und gelesen hatte, in den Hintergrund. Die Quellen, die ich im Literaturverzeichnis angebe, sind Bücher, die mich begleitet haben, ohne die ich dieses Buch nicht hätte schreiben können.

Literaturverzeichnis

Andreasen, N. C., *Brave New Brain. Geist-Gehirn-Genom.* Berlin, Heidelberg, New York: Springer 2002

Antonovsky, A., *Unraveling the Mystery of Health: How People Manage Stress and Stay Well.* San Francisco: Jossey-Press 1987

Bauer, J., *Das Gedächtnis des Körpers. Wie Beziehungen und Lebensstile unsere Gene steuern.* Frankfurt: Eichborn 2002

Bohne, M., *„Auftrittsängste. Die Geißel der Musiker und ihre ‚harmonische Auflösung'".* In: Das Orchester 11/03, S. 8–12

Buchs-Quante, U., *Voice Power.* Heidelberg, Kröning: Asanger 2002

Csikszentmihalyi, M., Flow. *The Psychology of Optimal Experience.* New York: Harper & Rowe 1990

Damasio, A., *The Feeling of What Happens: Body and Emotion in the Making of Consciousness.* London: Vintage 2000

Ellis, A., *Die rational-emotive Therapie. Das innere Selbstgespräch bei seelischen Problemen und seine Veränderung.* München: Piper 1977

Fahrenberg, J., *Entspannung. Lexikon der Psychologie.* Heidelberg: Spektrum Akademischer Verlag 2000 (Band 1 von 5).

Flammer, A., *Erfahrungen der eigenen Wirksamkeit. Einführung in die Psychologie der Kontrollmeinung.* Bern, Stuttgart, Toronto: Huber 1990

Greenberg, J. S., *Comprehensive Stress Management.* 3. Aufl., University of Maryland: Wm. C. Brown Publishers 1990

Hüther, G., *Bedienungsanleitung für ein menschliches Gehirn.* 2. Aufl. Göttingen: Vandenhoeck & Ruprecht 2001

Hüther, G., *Biologie der Angst. Wie aus Stress Gefühle werden.* Göttingen: Vandenhoeck & Ruprecht 1997

Kia, R. A., *Stimme. Spiegel meines Selbst.* 2. Aufl. Braunschweig: Aurum 1992

Kirschbaum, C., Pirke, K., Hellhammer, D., *"The Trier Social Stress Test."* In: *Neuropsychobiology* 28, 1993, S. 76–81

Klöppel, R., *Das Gesundheitsbuch für Musiker. Anatomie, berufsspezifische Erkrankungen, Prävention und Therapie.* Kassel: Bosse 2003

Kopitzki, C., *Lampenfieber bei Musikern. Umgang und Präventionsmöglichkeiten.* Fernwald: Musikverlag Burkhard Muth 2007

Liebelt, P., Schröder, H., *"Prävention und Intervention der Podiumsangst – Aufbau und Evaluation eines psychologischen Gruppenprogramms."* In: *Musikphysiologie und Musikermedizin* 1, 1999, S. 7–13

Mantel, G., *Mut zum Lampenfieber.* Mainz: Schott 2003

Meaney, M., *"Nature, Nurture and the Disunity of Knowledge."* In: *Annals of the New York Academy of Sciences* 935, 2001, S. 491–497

Metzig, W., Schuster, M., *Prüfungsangst und Lampenfieber. Bewertungssituationen vorbereiten und meistern.* Berlin, Heidelberg: Springer 1998

Middendorf, I., *Der erfahrbare Atem.* Paderborn: Junfermann 1984

Möller, H., *"Lampenfieber und Aufführungsängste sind nicht dasselbe!"* In: *Üben & Musizieren* 5/99, S. 13–19

Mornell, A., *Lampenfieber und Angst bei ausübenden Musikern. Schriften zur Musikpsychologie und Musikästhetik (14).* Frankfurt: Europäischer Verlag der Wissenschaften 2002

Morschitzky, H., *Angststörungen. Diagnostik, Erklärungsmodelle, Therapie und Selbsthilfe bei krankhafter Angst.* Wien, New York: Bosworth 1998

Mummendey, H. D., *Psychologie der Selbstdarstellung.* Göttingen: Hogrefe 1995

Petzold, H. (Hrsg.), *Integrative Therapie. Ausgewählte Werke Bd. II, 3: Klinische Praxeologie.* 2. erw. Aufl. Paderborn: Junfermann 1999

Petzold, H. et al., „‚Integrative Traumatherapie' – Modelle und Konzepte für die Behandlung von Patienten mit ‚posttraumatischer Belastungsstörung'". In: Van der Kolk, B. A., McFarlane, A. C., Weisaeth, L. (Hrsg.), *Traumatic Stress. Grundlagen und Behandlungsansätze.* Paderborn: Junfermann 2000

Petzold, H., *Psychotherapie & Körperdynamik. Verfahren psychophysischer Bewegungs- und Körpertherapie.* 4. Aufl. Paderborn: Junfermann 1981

Richter, H. E., *Umgang mit Angst.* Hamburg: Hoffmann und Campe 1992

Roth, G., *Das Gehirn und seine Wirklichkeit. Kognitive Neurobiologie und ihre philosophischen Konsequenzen.* Frankfurt: Suhrkamp 1996, 2000

Schacter, D. L., *Wir sind Erinnerung, Gedächtnis, Persönlichkeit.* Reinbek: Rowohlt 1999

Scheerer, H., *Reden müsste man können.* Offenbach: Gabal 1995

Schmitz, H., *Leib und Gefühl. Materialien zu einer philosophischen Therapeutik.* Hrsg. Gausebeck, H., Risch, G. Paderborn: Junfermann 1989

Schütz, A., *Psychologie des Selbstwertgefühls. Von Selbstakzeptanz bis Arroganz.* Stuttgart: Kohlhammer 2000

Schulz von Thun, F., *Miteinander reden 3 – Das „innere Team" und situationsgerechte Kommunikation.* Reinbek: rororo 2003

Seidel, E., Höpfner, R., Lange, E., „Vergleichende Studie zu klinisch relevanten Belastungsfaktoren bei Musikstudenten und Berufsmusikern." In: *Musikphysiologie und Musikermedizin 4,* 1999, S. 115–119

Seligman, M. E. P., *Erlernte Hilflosigkeit.* München: Urban & Schwarzenberg 1986

Silber, O. H., *Klangtherapie – Weg zur inneren Harmonie.* Freiburg: Herder 2003

Spitzer, M., *Selbstbestimmen. Gehirnforschung und die Frage: Was sollen wir tun?* 1. Aufl. Heidelberg, Berlin: Spektrum Akademischer Verlag 2004

Tabbert-Haugg, C., „Alptraum Prüfung. Gestörtes Prüfungsverhalten als Ausdruck von Schwellenängsten und Entwicklungskrisen." In: *Leben lernen* 158. Stuttgart: Pfeiffer bei Klett-Cotta 2003

Tarr Krüger, I., *Die magische Kraft der Beachtung. Sehen und gesehen werden.* Freiburg: Herder 2001

Tarr, I., *Vom Lampenfieber zur kreativen Energie.* Stuttgart: Kreuz 2003 (überarb. Ausgabe des 1993 erschienenen Titels *Lampenfieber. Ursachen, Wirkung, Therapie*)

Tarr, I., „Wovor hast du Angst? Musikunterricht kann Lampenfieber erzeugen und verhindern helfen." In: *Üben & Musizieren* 5/03, S. 44–47

Tarr, I., *Vom Lampenfieber zur Vorfreude. Sicher und souverän auftreten.* Heidelberg, Kröning: Asanger 2004

Tarr, I., *Bühnenangst bei Musikern. Differentielle Integrative Behandlung von Bühnenangst* (DIBB). Wissenschaftliche Beiträge Bd. 6. Marburg: Tectum 2008

Toennies, S., *Mentales Training für die geistig-seelische Fitness.* Heidelberg: Asanger 1998

Tönnies, S., *Entspannung, Suggestion, Hypnose.* Heidelberg, Kröning: Asanger 2002

Wilson, G., *Psychology for Performing Artists.* London, Philadelphia: Whurr 2002